PETITES HISTOIRES

Des communes de l'arrondissement

De St-Omer,

Par H. PIERS.

MEMBRE DE LA SOCIÉTÉ ROYALE DES

ANTIQUAIRES DE FRANCE, ETC.

———

CANTONS NORD ET SUD DE ST-OMER.

LILLE, 1840.

PETITES HISTOIRES

Des communes de l'arrondissement
De St-OMER,

Par H. PIERS.

MEMBRE DE LA SOCIÉTÉ ROYALE DES
ANTIQUAIRES DE FRANCE, etc.

———

CANTONS NORD ET SUD DE ST-OMER.

———

LILLE. 1840.

———

Imprimerie de V.e LIBERT-PETITOT, place du Théâtre, 27.

« Tant il est vrai de dire qu'il n'est si petit coin de terre
qui n'ait aussi son importance historique. »

Le Puits Artésien. Revue du Pas-de-Calais
tome 3. page 481. Quenson.

AVERTISSEMENT.

Les *Petites Histoires* des cinq autres cantons de l'arrondissement de St-Omer seront séparément et successive
ment publiées de la même manière..... Elles seront loin
d'offrir une statistique complète, mais elles pourront
dans leur simplicité faire connaître beaucoup de choses
pour ainsi dire ignorées et contribuer encore peut-être à
propager de plus en plus le goût de l'histoire locale dont
l'utilité n'est plus douteuse. — Voltaire a dit qu'il n'y a
pas de village dont l'histoire ne puisse fournir un gros
livre, et les petits écrits complètent bien souvent les
grands ouvrages. — On l'a proclamé avec vérité, « peu
» de pays sont aussi historiques, aussi pleins de souve-
» nirs que le nord de la France. » Certes, il est peu de
villages dans un pays qui fut agité par de si grands événements, qui ne méritent comme l'a justement observé
M. le Président de la Société des Antiquaires de la
Morinie, d'une *Notice historique*....

— D'ailleurs, en rappelant les titres anciens de nos
villages, nous n'avons aussi « pour toute ambition
» que de planter quelques jalons indicateurs...... »
— Nous continuerons à accueillir avec une vive recon-
naissance les observations émanées d'une critique in-
dulgente et éclairée, car « rien ne flatte plus l'amour-

» propre de ceux qui travaillent, disait *le père Daire*, » que le jugement des grands hommes. » — Il voulait parler de ces censeurs compétens et distingués qui applaudissent avec franchise à ce qu'il y a de bon dans un écrivain et reprennent ce qu'il y a de mal avec ménagement et politesse. — Mais nous ne répondrons jamais à des diatribes anonymes. — Au reste, qui voudrait aujourd'hui ostensiblement trouver importune, la voix de celui qui cherche toujours à célébrer son pays natal ?

CLAIRMARAIS. [1]

.... Le cœur est-il maître
« de renoncer aux lieux où le ciel nousfit naître ! »

Clairmarais, ancien village d'Artois, est situé à 5 kilomètres est-nord-de St-Omer. Son nom se trouve écrit ainsi dans les vieux manuscrits : *Clairmaretz, Clairmaresch*, et provient de sa situation au milieu des marais et des tourbières (2).

L'abbaye de Clairmarais est du milieu du 12e siècle. Elle se vante à juste titre d'avoir eu pour fondateur le grand St-Bernard lui-même et le comte Thierry d'Alsace. Son existence a été de six siècles et demi ; 1140 à 1790; et comme sa sœur de St-Bertin, toujours elle a sû justifier dignement sa noble et merveilleuse origine.

L'abbaye de Clairmarais compta encore parmi ses principaux bienfaiteurs Philippe d'Alsace, comte de

(1) Nous avons publié en 1856 *l'histoire de l'abbaye de Clairmarais*, mais nous ne connaissions pas alors le précieux manuscrit qui a pour titre : *histoire chronologique de l'ancienne et célèbre abbaye de Clairmarais*, que nous avons fait connaître le premier, l'année suivante, dans la *Revue du Nord*.

(2) « Ce grand assemblage d'eau fait une manière d'océan non point sale, ni bourbeux, mais *clair*, et net, d'où il a pris le nom de Clairmarais...... C'est une espèce de merveille qui n'a guère de semblable...... » Pellisson, 1677.

Flandre, qui s'en déclara l'advoué, Arnould, comte de Guisnes, Étienne, roi d'Angleterre, et Mathilde, son épouse, comtesse de Boulogne, Louis VIII, roi de France, des comtes de St-Pol, ainsi que plusieurs seigneurs de la maison de St-Omer.

59 Abbés ont gouverné le monastère de Clairmarais. Le catalogue détaillé de ces abbés peut être consulté avec fruit dans Tassart, t. IV. p. 213, à 225. Manuscrit n° 732 de la bibliothèque de St-Omer.

Le premier qui était prieur de Clairvaux, s'appellait Gunfride ; le dernier était Charles Omer Deschodt, mort à St-Omer, le 20 janvier 1806, et dont on a pû voir le portrait à notre Exposition de tableaux de 1837. — Le nombre des moines de Clairmarais s'éleva, dit-on, il y a plusieurs siècles, au-delà de 200. Les derniers furent l'abbé Libersal, décédé le 12 août 1830 à St-Omer, et l'abbé Caron, décédé à Calais, le 12 septembre 1836.

L'abbaye de Clairmarais peut aussi se glorifier d'une bonne renommée littéraire. Ses écrivains ont été Hubert Raoul, Bernard Michiels, Louis Dutaillis, Vignon, Ballin, Lavende, Talesius, Winibroot, Treselle, Guislain Campion, J-B Dhaffrengue, Albéric Monclin.

Morand Blomme, Louis Hertebaut, Georges D'haffrengue, et Joseph Mailliart ont été les plus remarquables des abbés de Clairmarais. — L'abbé portait la mitre et avait séance aux états d'Artois.

La bibliothèque de cette abbaye contenait à sa spoliation 2324 volumes imprimés, et 270 manuscrits. D'après un dernier recensement, nous avons constaté 117 de ces manuscrits à la bibliothèque de St-Omer. (1).

Le monastère bâti en 1140, et confectionné en 1145, avait été réédifié en 1170 sur un terrain plus élevé, non loin du bois, à cent mètres de distance du premier emplacement. Sanderus nous en a laissé un plan, au tome 3, pag. 173 de sa *flandria illustrata*.

L'église de Notre-Dame de Clairmarais avait 400 pieds de longueur et 80 pieds de hauteur. On y comptait 170 fenêtres. Le chœur était pavé ainsi que la grande nef de marbre blanc et noir. On voyait 15 chapelles dans le

(1) Voir *notice historique sur la bibliothèque de St-Omer*. — *Catalogue des manuscrits de St-Omer concernant l'histoire de France*.

circuit du chœur. Le maître-autel achevé en 1631 coûta 25,000 florins. L'architecte était Adam Cloquet de Valenciennes. Le Buffet d'orgues était du prix de 20,000 florins ; Ses plus gros tuyaux s'élevaient à 22 pieds. Plusieurs écrivains ont célébré ce chef-d'œuvre.

La tour fut construite au milieu du 14ᵉ siècle.

La date du dôme est de 1669. — Le quartier de l'abbé est de 1627. Les deux piliers de l'entrée qui conduisaient aussi au cimetière sont encore debout. La grande cour est de l'an 1676. On voit encore dans cette cour un colombier, et une tourelle de l'an 1680 non loin de la chapelle où l'on distingue le chiffre de 1745.

La fonte des sept plus grosses cloches du couvent eut lieu en 1598 ; la première était *Maria Vocor*. — La belle horloge à carillon et à 13 clochettes est de 1679.

Les ornements du culte étaient admirables. L'image de la mère de Dieu y était multipliée sous des formes diverses ; une inscription au-dessus d'une niche vuide, au milieu de l'entablement de deux arcades, consacre seule maintenant le souvenir de la bonne protectrice du monastère. Une petite chapelle dédiée à la vierge, se trouvait aussi dans le bois ; ce qui a pû faire donner au monastère le nom de Ste-Marie-au-Bois. — Le buste de St-Bernard était aussi en évidence de toutes parts.

Les reliquaires de Clairmarais étaient nombreux et en grande vénération. On y possédait un petit os de St-Bernard.

Un antiquaire justement recommandable de St-Omer, a dans son curieux cabinet la belle croix du monastère, don présumé de l'épouse de Thierry d'Alsace, Sybille de Jérusalem.

Cette croix dont le travail exquis est d'une haute antiquité, a deux pieds et demi d'élévation ; elle est enrichie de trois petites croix contenant, dit-on, des parcelles de la vraie croix. Elle est couverte de larmes d'argent doré, et entremêlée de pierres fines et de perles rares.

L'abbaye de Clairmarais qui était *belle au possible*, selon l'expression historique des *mémoires de Richelieu*, fut supprimée au moment où l'on songeait à la reconstruction des bâtimens claustraux, par arrêté du département du 6 mai 1791 et vendue comme domaine national en 1791, et en 1792. Les derniers religieux la

quittèrent le 29 août 1791 et se retirèrent à Samer, et
à St-Eloi. — Leurs revenus pouvaient monter à une
trentaine de mille livres. — L'argenterie donnée à *la Patrie* était estimée 10 à 12 mille francs. — « La charité
» chrétienne, les mains remplies d'offrandes, sortait
» seule de ces longs corridors, et allait alimenter le pau-
» vre, l'orphelin, le souffreteux, le voyageur... et cepen-
» dant, le fer et le feu se sont rués sur ces murailles, et
» ses faibles solitaires en ont été chassés....! » — La dé-
molition de l'église et du cloître dura dix années ; les
archives de la communauté furent transférées à Arras ;
Le buffet d'orgues orna la paroisse de St-Pierre à Aire.
— Les armoiries de la maison étaient deux crosses posées en sautoir sur un fond de gueules.

Rien n'était plus romantique que les ruines de Clairmarais ; les étrangers les ont souvent visitées, et en re-
cherchent en vain à présent les vestiges. « Dans un pèle-
» rinage mélancolique que j'ai fait à Clairmarais, j'ai
» été péniblement affecté de l'affreuse désolation de cette
» abbaye illustrée par le puissant intérêt de St-Bernard.
» Il ne reste rien ; on peut dire à la lettre : *Etiam Periere*
» *Ruinæ.* quelques rares débris, des traces que l'œil
» exercé de l'antiquaire remarquent sur le sol comme
» indiquant la place qu'occupaient de belles construc-
» tions, une profonde solitude.... Voilà Clairmarais tel
» que les modernes vandales l'ont fait ! » (1) « Tout a été
» détruit comme si le pays avait été envahi par des
» payens et des barbares... — Oui, tout n'est qu'heur et
» malheur, même pour les plus belles choses ! »

Des fouilles anciennes ont fait retrouver divers objets
d'antiquités à Clairmarais. Un villageois y a découvert
récemment une petite figurine représentant Jupiter. —
Vos pas y heurtent souvent encore des ossements hu-
mains.

Nous avons pénétré récemment dans le pavillon mo-
derne construit sur les débris du logis de plaisance des
religieux et nous nous sommes arrêté sur la plate-forme,
haute de 60 marches : là, le point de vue est admirable.
L'enceinte entière du monastère frappe vos regards, et
les dernières pierres de son mur de clôture sont sous vos
pieds.

(1) Harbaville. — Le Puits Artésien.

Comme sur la tour de St-Bertin, les murs de son belvédère sont crayonnés de noms de visiteurs. Nous avons remarqué dans une chambre haute une plaque de cheminée figurant une tête de mort entourée d'une inscription, et en bas dans une salle à arceaux la statue en marbre blanc d'un ange gracieusement accroupi et priant avec extase.

Pendant plusieurs années après la destruction de de l'abbaye, on y alimenta aisément une fabrication de salpêtre.

Il y avait à St-Omer dans la rue du quartier de cavalerie un refuge de Clairmarais appelé la *maison de Pierre*. Les moines s'y retiraient dans les temps de crise avec leurs objets précieux. — Il y avait une salle abbatiale de Clairmarais avec juridiction de privilèges.

Quelques événements importants pour l'histoire de notre contrée se sont passés à Clairmarais, et plusieurs personnages remarquables en ont visité l'abbaye. Nous avons déjà cité les noms de ses premiers protecteurs.

Le 2 novembre 1165, Thomas Becket, archevêque de Cantorbéri, débarqué sur les côtes de la Morinie, vint, après avoir traversé Oye, Gravelines et Bourbourg, et coToyé la ferme dite de St-Bernard, chercher à Clairmarais un abri contre les persécutions de Henri II, roi d'Angleterre.

Robert I.er, comte d'Artois, Guillaume de Juliers, Philippe de Valois, logèrent à l'abbaye ou dans ses dépendances.

Les archives du département du nord nous ont procuré une lettre curieuse du comte Louis de Male aux maire, échevins, et conseil de la ville de St-Omer; en voici le sommaire : il leur mande du 17 septembre 1359, qu'il est instruit que pour la sûreté de leur place, ils se proposaient de prendre l'abbaye de Clairmarais, et d'y mettre garnison, ou même de la démolir; mais que comme il est gardien de cette abbaye, il les prie de ne point entrer dans la juridiction du pays de Flandre, ou de faire sur ladite abbaye qui est en sa spéciale sauve-garde aucune chose qui soit préjudiciable à sa seigneurie.

Louis XI ruina presqu'entièrement le monastère en 1477, car l'église seule échappa à la dévastation.

En 1522 des mercenaires allemands brûlèrent Clairmarais.

En 1529, l'abbaye fut affectée d'une maladie fatale dite *la sueur anglaise*. On a montré longtems à Clairmarais *le mont des anglais*.

Lors de la défaite des français à Gravelines en 1558, un grand nombre de vaincus furent tués dans les bois de Watten et de Clairmarais. Les paysans voulaient massacrer tous les fugitifs, les uns saisis dans les bois, les autres dans l'abbaye même, mais grâce à l'heureuse influence des moines, de Villebon, Montluc, de Ste-Marie, Gaston, furent considérés comme prisonniers de guerre. Les bons religieux furent bien mal récompensés de leur généreuse hospitalité : le lieutenant du bailli de Cassel, suivi d'une troupe de flamands acharnés, voulant s'emparer des prisonniers, força l'abbaye et la livra au pillage.

En 1566, le conciliabule des iconoclastes se tint près de l'abbaye de Clairmarais; une horde de ces scélérats la souilla, le 16 août de cette année, et s'y livra à la profanation des choses saintes.

En 1577, Descoult, un des chefs du parti orangiste, dans le dessein de s'établir dans cette abbaye, essaya d'en escalader les murs, mais il fut promptement chassé par les fidèles habitans du voisinage.

Clairmarais fut encore pillé par les Français en 1596.

Le 14 novembre 1625, la princesse Isabelle visita l'abbaye de Clairmarais. Elle dîna seule dans son appartement. La réception avait été solennelle. L'abbé lui ayant jeté de l'eau bénite au lieu de lui présenter le goupillon, la souveraine des Pays Bas lui dit en souriant : *simplicitas religiosa*.

Le 28 mai 1638, le poste militaire de Clairmarais fut attaqué par le maréchal de Châtillon. Après une résistance énergique, la poignée des braves restants, commandés par les capitaines Lannoy et Dutaillis, se retira dans l'église où elle fut désarmée. Le monastère ayant été saccagé, les meubles et les ornements les plus précieux furent envoyés à Ardres, mais les tableaux, l'horloge et une partie de la bibliothèque disparurent. — Les Français abandonnèrent Clairmarais le 15 juillet suivant. — Le 19 juin 1639, une bande de partisans pénétra de nouveau dans l'abbaye, enleva presque tous les bestiaux, brisa les meubles, et fit un butin considérable. — Le 16 octobre 1639, le prince Ferdinand d'Autriche, gouverneur général d'Artois, chassa dans la forêt de Clairmarais. — En 1641, don Francisco de Melo et d'autres généraux espagnols logèrent à l'abbaye. — En 1644 et en 1647, les Français se tinrent en observation à Clairmarais. — En 1661, l'abbaye où des soldats étaient campés, avait l'air d'un petit village.....En 1667, elle fut mise à contribution par la garnison française de Saint-Venant.

En 1670, le monastère fut fortifié. — Pendant le siège de St-Omer de 1677, le duc d'Orléans, trouvant le poste de Clairmarais important, y laissa des forces suffisantes.

Aussitôt après la bataille de Cassel, l'abbé Mailliart qui avait montré la plus touchante humanité pendant cette journée sanglante, fit construire une grande porte dans la cour de l'abbaye, au-dessus de laquelle on posa les armes du duc d'Orléans avec quelques boulets, et ce chronogramme trop court d'une année :

VnDecima aprILIs fVgIVnt prostratI Batavi.

Louis XIV, lors de son entrée à St-Omer, fut harangué par l'abbé de Clairmarais. Ce fut vers la fin du règne de ce prince, trois ans avant le siège d'Aire, que le savant abbé Lebœuf examina les manuscrits de Clairmarais, et en tira quantité de notes historiques.

Clairmarais étant situé *in finibus Artesiæ*, selon l'expression de Joagelinus, la question de savoir s'il dépendait de la Flandre ou de l'Artois, fut longtemps agitée, mais sans solution décisive. En 1789, il faisait partie du bailliage et du diocèse de St-Omer. — On voit encore à Clairmarais le puits de St-Bernard. Une collation champêtre à l'ombre de ce puits fameux offre encore plus d'un charme.

L'abbaye qui ne pouvait dans le 13e siècle construire de moulin à cause du privilège de St-Bertin, en avait deux en 1672, sans compter celui de la pêcherie en pierres de taille sur le modèle de celui de Watten. Cette pêcherie était fort riche. En 1613, on y prit un énorme brochet dans lequel on trouva un canard, et l'évêque de St-Omer ayant été invité à en manger, on servit ce brochet avec le canard au ventre.

La commune de Clairmarais sujette à une extraction considérable de tourbes depuis un temps immémorial, et jadis à de grandes inondations, a une superficie de 2079 hectares. — « Il y a encore bien des localités dans » le Pas-de-Calais et le Nord, a observé avec raison le » philosophique auteur de *l'histoire de Courrières*, où » l'habitant de la campagne voit plusieurs mois de l'an- » née toutes les communications interrompues, et se ré- » signe tant bien que mal à attendre le beau temps » dans une île entourée de boue qui ne lui permet pas » d'aller visiter le plus proche de ses voisins. » — On trouve à Clairmarais d'excellents pâturages, et par ci, par là, vers Lyzel, de petites îles vertes jadis flottantes, (1) coupées et attachées au sol. — Rien de plus délicieux qu'une promenade en bateau à Clairmarais par les eaux du haut pont et de Lyzel, entre la grande et la petite mer, et au travers des grands et petits canaux de cette océanie en miniature.

En 1807, ce village renfermait 34 maisons, et 218 ha- bitans. Aujourd'hui, il peut contenir 40 à 50 habita- tions, et sa population est d'environ 300 âmes.

Sa kermesse a lieu le premier dimanche de septem- bre.

Le maire est M. Decuppers. — Le desservant est celui

_____

(1) La grande île flottante qui supportait un chêne d'une grosseur remarquable, et sur laquelle on alluma le feu de joie de 1781, a été coupée de même qu'une autre d'une dimension semblable, mais to- talement nue. — Depuis longtemps celle qui, non loin des pieux frappés au nom du roi pour établir la séparation des mères de Saint- Bertin et de Clairmarais, avait eu l'honneur d'être montée par Louis XIV, et qui était dite *royale*, n'était plus mouvante. L'île de Berthelot est désormais fixée aussi au sol. — Nous disions en 1836 : « *une seule*, (détachée alors par le vent du fonds du vivier, mais encore ronde, et difficile à naviguer) qui s'efface toutefois cha- que année par son enfoncement imperceptible dans les eaux, préci- sément en face de la tour de St-Bertin, phare majestueux dans ce marécageux dédale, montre comme autrefois son bouquet de hautes herbes et de broussailles compactes, au fond d'un vivier réservé et appartenant au maraîcher Monsterlet; cette dernière des îles flottan- tes, que nous avons voulu revoir, porte encore plusieurs saules anti- ques, dont les écorces sillonnées par la mousse conservent néanmoins l'empreinte de chiffres, d'emblêmes divers, et de noms plus ou moins notables de quelques curieux. » Le 29 août 1825, la duchesse de Berry descendit triomphalement, comme on sait, sur cette île encore alors florissante...... Le 29 juillet 1840, dix ans après l'expulsion de la bonne duchesse, on commença la destruction de cette île; elle fut partagée par gazons qui allèrent

d'Arques, M. Sokcel. — Pourquoi donc tarder à accorder à cette population un ministre spécial du culte? Jadis, il y avait du moins une chapelle dans les ruines de Clairmarais, et les ménagers des environs y allaient entendre la messe. Cette antique chapelle est devenue une grange !

Scoubroucq est un hameau de Clairmarais. A l'entrée du bois de ce nom apparaît une petite chapelle. — La valeur et l'étendue des forêts de Clairmarais, de Rihoult et de Scoubroucq étaient considérables. On puisa souvent dans ces hautes futaies de quoi fournir aux fortifications et aux fêtes de St-Omer.

HOULLE.

Le village de Houlle s'appelait jadis *Hunclia;* il est situé sur le bord d'un marais autrefois couvert des eaux du Golfe itius, et actuellement coupé par plusieurs ruisseaux ou rivières. Son existence est très-ancienne, et paraît, d'après la carte de Malbrancq. remonter à l'époque de l'occupation par les romains. Le grand chemin de communication d'Arques à Boulogne facilitait l'entrée de ce village.

accroître la valeur du bord voisin, tandis que des extractions considérables de tourbes, augmentaient l'importance de l'opération du maraîcher. Les arbres parsemés de chiffres et de noms anciens furent arrachés et destinés au feu, et toute cette jolie verdure fut anéantie sous une masse de terre noire et limoneuse. Auparavant, une dynastie qui avait fait longtems le bonheur de la France fut chassée pour un mal entendu avec la liberté; maintenant, une faible adjonction de terrain, avec l'espoir incertain d'une forte récolte, a causé la disparition de notre dernière ile flottante. Le 10 août suivant, date fameuse de la chûte d'un vieux trône, le dernier coup de pioche a été porté à cette merveille célébrée comme le pré flottant du dauphiné, par tant de poëtes et d'historiens. Nous étions là pour seul témoin de cette scène singulière, avec le conducteur du batelet, Jacques Debast, brave et digne flamand, éprouvé aussi par de grandes infortunes, devant la tour chancelante de St-Bertin qui a déjà dominé tant de ruines, et près de l'insensible et ignorant destructeur de la plus admirable curiosité de nos environs. Hélas, c'en est fait des *îles flottantes* de St-Omer !

Vers l'année 858, Houlle fut donné à l'abbaye de St-Bertin par un nommé Ucroch qui portait le titre de comte. Un moulin y fut établi en 1186. Sa destruction momentanée qui eût lieu deux siècles après, occasionna un démêlé sérieux avec cette abbaye de St-Bertin. Le 10 septembre 1386, le chancelier du duc de Bourgogne termina par un accommodement le procès élevé entre ladite abbaye contre Jean Denielles, seigneur du lieu et consors à l'occasion de ce moulin que ledit Denielles avait détruit à main-armée, par récrimination. Le moulin fut relevé aux frais des délinquants.

En 1187, Gérard de Houlle donna une portion considérable de marais à l'abbaye de St-Bertin.

En 1193, Eustache de Houlle, accorda à la même abbaye un marc d'argent de rente, en déclarant que ni lui, ni ses successeurs ou héritiers ne pourraient avoir de moulin à Eperlecques, Houlle et Moulle. — Cette abbaye eut à soutenir plusieurs contestations avec les seigneurs de cet endroit, siège d'une justice vicomtière, pour construction d'écluse et de moulin, interruption du cours ou curement des eaux, jouissance de fontaines, constructions, donations diverses, droits de pêches, et privilèges.

Houlle fût brûlé par les troupes de Louis XI en 1477. Les Français saccagèrent encore cette commune en 1522. Le maréchal de Gassion s'en rendit maître en 1644.

Par arrêt du parlement du 11 juillet 1767, Albert Joseph Decocq fut autorisé à mettre dans cette commune le feu à ses fours à chaux.

On fait à Houlle la meilleure chaux que l'on connaisse en Flandre, et Jean Joseph Bolart a été le premier conducteur de la Marne chez l'étranger, avant 1789. — Houlle fournit d'excellentes pierres aux arrondissements de Bergues et d'Hazebrouck.

La digue avait été réparée en 1524, mais en 1768, Houlle souffrit d'une grande inondation, à cause du défaut d'entretien de cette digue qui devait l'en garantir. — La rivière de Houlle qui sépare cette commune de celle de Moulle, est remarquable par sa largeur et par l'industrie des habitans de ses bords marécageux. — Le vivier de Houlle, était considéré comme le plus beau de l'ancienne province d'Artois.

En 1241, la division des paroisses de Houlle et de Moulle fut opérée, mais l'église de Houlle est devenue annexe de la succursale de Moulle jusqu'en juillet 1830. Elle est desservie aujourd'hui par M. Thulliez. — L'église de Houlle est jolie, bien décorée, mais étroite, avec un petit clocher. Son extérieur paraît toutefois assez vieux. Nos annalistes ont signalé le fait suivant : « L'an « 1119 ou 1120, il naquit au village de Houlle, près de « St-Omer, un enfant monstrueux, en forme de pois- « son, n'ayant ni bras, ni cuisses. » Montaigne a déclaré que les historiens devaient raconter les faits extraordi- naires et les bruits populaires. — Il y avait jadis à Houlle une espèce de justice singulière connue sous le nom de *les Kismmek*, et qui tendait à bannir de la commune les vices ridicules et insolents. — M. Carré, respectable centenaire de Houlle, bêche encore la terre *pour sa santé*.

Le 29 juillet 1837, un affreux accident jeta la cons- ternation dans cette commune. Deux ouvriers, chefs de nombreuses familles, restèrent ensevelis sous une masse de marne de 40 pieds d'élévation, dans l'une des carrières exploitées par MM. Decocq. Le zèle pour sau- ver ces malheureux a été au-dessus de tout éloge de la part des habitans, des ouvriers et des militaires en gar- nison à St-Omer. M. le ministre des travaux publics ré- compensa avec justice le dévouement des ouvriers tra- vailleurs.

La superficie de Houlle qui est à une distance de huit kilomètres nord-ouest de St-Omer, est de 628 hectares. Sa population actuelle est de 488 âmes. On y compte 82 maisons. Sa kermesse est fixée au 24 juin. Son maire est M. Albert Decocq.

M. Dubuisson, instituteur à Houlle, a conçu récemment l'heureuse idée d'établir gratuitement chez lui, en fa- veur de ceux qui voudront en profiter, un cours de sys- tème légal de poids et mesures. C'est une bonne pensée que l'on ne doit pas manquer de signaler à l'attention publique.

MORINGHEM.

Moringhem est un petit village situé à 9 kilomètres de St-Omer, entre deux vallées, sur un sol élevé, sec, découvert et aride. — C'était une des neuf cures que l'évêque de Thérouanne donna jadis à l'abbaye de Licques vers le 13e siècle. Une comtesse de Guines joignit ensuite la donation de la ferme et de la dîme qu'elle possédait en cette commune.

Par ordonnance du 11 février 1820, la commune de Difques a été réunie à celle de Moringhem.

Difques était traversé par une ancienne voie romaine qui conduisait de Thérouanne à Sangatte, et que l'on nomme encore vulgairement *chemin de Leulene*.

Nos annales ne nous ont procuré aucun document historique sur Moringhem.

Difques fut pillé et ravagé le 11 décembre 1636 par la garnison allemande de St-Omer.

La superficie totale de Moringhem — Difques est de 912 hectares. — Sa population actuelle est de 524 âmes, et le nombre de ses habitations ne monte qu'à 96.

Sa kermesse a lieu le deuxième dimanche après la Trinité. — Le maire de Moringhem est M. Degardin; le desservant, M. Ansel. — Moringhem et Difques ont chacun leur petit clocher. Barlinghem et Guzelinghem sont des hameaux de Moringhem.

MOULLE.

Moulle est situé à une distance de 7 kilomètres nord-ouest de St-Omer, non loin de la grande route qui conduit à Calais. — Ce village est arrosé dans la partie basse de son territoire au nord-est par plusieurs ruisseaux ou rivières qui facilitent le transport de la marne extraite à peu de distance de l'église. — Son terroir en partie sablé rend les chemins bons en tous temps.

On voit dans les archives de St-Bertin qu'un moulin existait à Moulle, en 1194. Cette terre fut également donnée à l'abbaye, au milieu du 9e siècle, par Unroch, lorsque ce seigneur quitta le monde pour embrasser l'état religieux. — Ce village tomba aussi en 1644 au pouvoir du maréchal de Gassion.

Il y avait un château à Moulle dans le 14ᵉ siècle : « Ce qui rend Moulle plus remarquable (en 1789) est son château renouvellé et embelli par le seigneur actuel, et qui passe pour un des plus beaux de l'Artois; la régularité des bâtimens, ses jardins spacieux, ses belles promenades très-étendues, orné de bosquets et de pièces d'eaux; enfin ses vues symétriquement pratiquées et portant toutes sur des objets de différentes variations, sont autant de chefs-d'œuvre à admirer. » Celui qui s'y trouve encore, après avoir passé entre les mains de possesseurs grandioses, est digne d'une résidence princière. — Le propriétaire actuel est M. de Beaufort. Wellington y a couché en octobre 1816.

« L'église de Moulle paraît ancienne, (en 1789) et fort bien bâtie. La tradition porte que la confrérie de Saint-Sébastien y a soutenu un siège contre le seigneur d'Eperlecques. Quoi qu'il en soit, on y voit encore quelques espèces de créneaux par où on décochait des flèches ou autres espèces d'armes. » Ses murs avaient six pieds d'épaisseur.

Le cardinal évêque d'Arras a béni le 14 mai dernier la première pierre de la nouvelle église de Moulle. — Ce temple qui n'a aussi qu'une nef, a une dixaine de pieds plus large que le précédent; le clocher sera posé l'année prochaine. — Sur le point gauche de la terminaison du haut mont une petite chapelle a été posée en 1810; trois ans après, M. de St-Jean l'a consacrée à *Jésus flagellé*.

La superficie de Moulle est de 527 hectares. Sa population actuelle est de 960 âmes. Le nombre de ses maisons est de 175. La kermesse a lieu le 3ᵉ dimanche d'août, et sa foire le 21 juillet. — Le maire de Moulle est M. Degrave, le desservant M. Dusautoir.

Les hameaux de Moulle sont : Boisque, Burweque, Bouquilboisque, Brouquestrate, Galbarne, le Haut-Mont. — Il y avait avant la révolution près de l'auberge du *Haut-Mont*, une foire qui devenait chaque année plus considérable.

SAINT-MARTIN AU LAERT.

Saint Martin, un des premiers apôtres de l'Artois, il édifie les gaules par ses éminentes vertus, et y

3

avait laissé une renommée dont l'éclat n'est pas encore
affaibli dans cette contrée, car dans tous les cantons
voisins, nous trouvons des temples placés sous son invocation. Nourri dans les camps, baptisé à Thérouanne,
l'évêque de Tours a joui d'une considération presque
céleste dans le royaume des francs où il avait donné
naissance au premier monastère et abattu les sanctuai-
res du paganisme. Il y devint le modèle dont chacun se
proposa l'imitation. Un siècle après sa mort, la veuve de
notre premier roi chrétien implora sur son tombeau vé-
néré le dieu de Tolbiac pour des enfants sanguinaires et
dénaturés. Charlemagne invoquait de même la protec-
tion de St-Martin. Plus tard, le vainqueur d'Hastings
lui rendait grâce encore de son étonnante conquête.

C'était à St-Martin, que St-Omer, pieusement reconnaissant des donations d'Adroald, faisait hommage de
cette conversion inespérée; c'était son inspiration qu'il
sollicitait, lorsque, prosterné sur la montagne de Sithieu, il cherchait un endroit propice pour ériger une
paroisse indispensable à son bourg chéri. On dit qu'incertain du lieu où il élèverait cet oratoire, notre illustre
fondateur priant, selon sa coutume, pendant la nuit,
sur la colline de l'ancien pirate, et implorant son divin
protecteur de lui faire connaître son intention, un rayon
d'une lumière extraordinaire lui indiqua tout-à-coup
une place derrière le château, où autrefois on avait vu
un autel..... L'évêque de Thérouanne y planta aussitôt
son bâton pastoral, et sentit redoubler sa dévotion en-
vers le digne élu qu'il s'était choisi pour patron, comme
le prouve le grand nombre de chapelles qu'il dédia à sa
mémoire. — « St-Martin, sous le point de vue de la ta-
ble, est aussi le plus grand Saint de la Flandre, et sa
fête nous paraît encore, populairement parlant, la plus
solidement établie de toutes les fêtes. »

Sur le terrain désigné par un signe merveilleux,
St Omer, fit bâtir immédiatement une église qu'il con-
sacra en l'honneur de St-Martin. C'est sa première
construction dans Sithieu. Elle était située à peu près
sur le bord extérieur et septentrional du fort Cravatte,
et s'agrandissant dans les siècles suivants, elle devint
une petite paroisse, selon le vœu prophétique qui avait
présidé à son origine.

Cette église de St-Martin, encore en dehors de l'enceinte du bourg, lors de l'institution de la cité en 902,

fut laissée sur le bord des glacis des fossés du côté du nord, dans le plan de Baudouin II. Était-elle assise derrière Ste-Aldegonde, ou tout près de l'emplacement du château? C'est ce qui n'est pas encore suffisamment démontré. Son état devint sans doute très-précaire, après l'érection des autres paroisses de la ville. Elle était toutefois d'une grande utilité aux habitans des environs. Des dominicains, établis près la porte boulénisienne en 1324; desservirent souvent cette cure, en l'absence du pasteur. Louis XI, après la mort funeste du dernier duc de Bourgogne, ayant ravagé les environs de St-Omer, dans sa rage impuissante, détruisit encore ce temple sacré. Quelques années après, sous le règne de Charles-Quint, on exécuta d'immenses travaux aux fortifications de la place, et l'administration militaire s'empara du terrain de l'ancienne église de St-Martin qui lui était d'une parfaite convenance. On résolut en même temps de la reconstruire à une distance peu éloignée. Elle fut transférée à l'endroit dit le Nart lez-St Omer, autrefois *le mart*, diminutif du nom du Saint que portait toujours le nouveau temple. *Laër* écrit sans T, est un mot flamand, observe Hennebert, qui signifie pature publique, lieu non cultivé. Ce mot *Laër* désigna d'abord un souterrain ou caveau, propre à recevoir les morts, et réservé ensuite exclusivement aux *Laïcs*. C'était encore, il y a quelques années, un lieu de sépulture recherché. C'est là que fut inhumé M. Stapleton, dernier président de notre collége anglais. Un curieux fragment du mausolée de Guillaume Fillatre, abbé de St-Bertin, est adapté à l'un des murs extérieurs de l'église, en face du cimetière. C'est une antiquité précieuse. Les chanoines de Notre-Dame conduisirent jadis à ce cimetière leurs processions aux *Rogations*, représentant en quelque sorte le voyage nocturne de St-Omer et l'histoire de sa vision. — L'origine du cri: *au Lard*, dans la Bretagne, remontait aux guerres des anglais et des bretons. — On ne peut croire sérieusement qu'Ulysse, abordant jadis aux rives incultes du *portus itius*, ait donné à ce lieu le nom de son père, *Laërte*. On lit dans nos archives, qu'en 1539, l'on s'opposa vivement à la réédification de l'église de Saint-Martin-au-Laërt, à un point aussi rapproché de la cité. On remarqua néanmoins qu'en cette même année, cette reconstruction se fit dans l'intérieur de cette commune. D'après un procès-verbal d'arpentage du 7 mai 1542, cette église aurait été élevée sur une portion des commu-

naux de la ville. « Au commencement de l'an 1604, dit
« Hendricq, fut commencé à rebâtir le chœur de l'église
» paroissiale du Nard, proche notre ville, qui déjà passé
» 34 ans, avait été ruinée par les grands vents. » — Le 22
juin 1638, les français s'étaient emparés de cette église
éloignée des portes de cent pas. Les Audomarois se hâ-
tèrent de les expulser ; les assiégeans y revinrent inconti-
nent avec des forces plus considérables, et s'en rendi-
rent maîtres de nouveau ; mais les assiégés, s'animant à
cette lutte, en chassèrent de rechef leurs adversaires,
et brûlèrent cet édifice religieux qui pouvait servir à
l'ennemi de rempart et de refuge.

En 1654, les habitans de St-Martin-au-Laërt deman-
mandèrent au magistrat de St-Omer une chapelle de 40
pieds de long sur vingt de large. Elle fut construite en
bois, couverte en chaume, et ne posséda d'abord qu'un
autel portatif. Le rétablissement de ce vieil oratoire n'arriva que lentement, et nous avons la certitude que la
paroisse actuelle, dévastée pendant les jours révolution-
naires, restaurée à l'époque du consulat, entretenue
enfin convenablement et embellie chaque jour par des
soins dignes et généreux, est une création du siècle dernier, placée encore à une distance moins rapprochée
de la ville. On ne trouve pas assurément aujourd'hui
dans nos cantons ruraux une paroisse plus richement
ornée.

La commune de St-Martin-au-Laërt, a été aussi le
théâtre de quelques événemens historiques qui ont eu
du retentissement dans l'ancienne province d'Artois. —
Son existence, d'après la carte de Malbrancq, remonte
au temps de l'occupation du pays par Jules César, et
une voie romaine d'Arques à Boulogne traversait son
territoire. — En 1380, le duc de Buckingham qui faisait
une pointe dans l'Artois, s'arrêta sur la colline qui forme
la limite de St-Martin-au-Laërt ; c'est de là, que selon
Froissart, il admira la beauté de la ville de Saint-
Omer.

L'an 1404, la veille de St-Martin, une partie de la
garnison anglaise de Calais, ayant fait une irruption
dans les environs de St-Omer, se précipita dans le couvent des dominicains, qui était encore situé à cette époque, hors des murs, et incapable par ses faibles fortifications, de résister à une agression armée ; les maraudeurs anglais furent reçus, dans cette circonstance cri-

tique, avec tant de courtoisie par le supérieur de cette communauté, qu'en se retirant, après quelques jours passés dans l'abondance, touchés de l'affabilité et des prières du bon prélat, ils épargnèrent le village voisin de St-Martin-au-Laërt qu'ils avaient résolu de réduire en cendres — C'est à l'extrémité de cette commune, à une trentaine de pas du chemin de Calais, sur la gauche, que l'on aperçoit encore la petite colonne en grès de douze pieds de hauteur, dite *croix pélerine*, érigée en mémoire du brillant tournoi de 1442, et plus que jamais populaire dans la morinie, monument chevaleresque qui a été honoré des hommages de Bayard, prisonnier sur parole en 1513, et de Marlboroug, occupé au siège d'Aire en 1710. — Lors de la reprise de la ville de St-Omer, en février 1489, par les partisans de la domination espagnole, les conjurés avaient amassé en secret, dans l'église de St-Martin-au-Laërt, une quantité de petites barquettes et diverses choses nécessaires à l'exécution de leur entreprise. — En 1635, on creusa un fossé de 40 pieds dans la commune de St-Martin-au-Laërt pour servir de barrière contre les Français. En février 1637, *l'ennemi Français* brûla plusieurs maisons au Nard, entr'autres celle du curé.

Le duc d'Orléans ayant ouvert la tranchée devant St-Omer, dans la nuit du 5 au 6 avril 1677, fit dresser une batterie de dix pièces de canon vers l'église de St-Martin au-Laërt.

Entre cette commune et celle de Salperwick, à peu de distance du long-jardin, se trouve une ferme qui jadis s'appelait le château de Scadembourg, et qui principalement par ses tourelles a conservé quelques traits caractéristiques d'une ancienne forteresse. Son nom figure dans notre histoire du dix-septième siècle. Sa physionomie mérite d'être reproduite sur un album historique.

La belle allée de tilleuls séculaires qui a conservé le nom du fameux général anglais, et où tant d'arcs de triomphe furent élevés à des fortunes diverses, est la promenade favorite des audomarois. Son entretien doit exciter à juste titre le zèle constant de l'administration. Des améliorations, il est vrai, s'exécutent dans cette avenue. On répare tant soit peu les terrasses latérales, et on aime à croire que le trop petit nombre de banquettes n'excitera bientôt plus de légitimes réclamations.

La plantation de celte magnifique allée, en partie abattue le 29 mars 1595 et le 6 juillet 1635, a été renouvelée totalement en 1724. Le 24 décembre 1792, vainement « on demanda d'abattre, au profit de la commune de St-Omer, les arbres de l'avenue de la » Porte-Neuve, dite allée de Marlborong. » Échappée au terrorisme, déshonorée lors des derniers revers de l'empire, tourmentée par quelques mesquines économies, marquée maintes fois du coin fatal, serait-elle actuellement tristement décimée? De nouvelles menaces pesèrent encore sur elle en août et en septembre 1839, mais l'autorité supérieure agréa de bien justes réclamations. Une décision du préfet du 15 février 1840, fit droit aux vœux unanimes des audomarois, en les rassurant désormais sur la conservation entière de cette allée. Espérons donc qu'une dégradation inutile ne signalera jamais un tel désastre dans nos annales. — Simon Ogier a célébré les nymphes du Nard, et a désigné leur séjour comme la retraite enchantée des rossignols. — « Moi » aussi j'ai un faible pour l'avenue de St-Martin-au- » Laërt : Enfant, j'y ai joué; homme, je vais y réfléchir; » vieillard, j'irai peut-être y chercher des souvenirs. »

La plantation du chemin de Calais est de 1766 et de 1769; en 1780, on remplaça les arbres qui dépérissaient. C'est le 8 janvier 1772 que l'on commença la plantation d'arbres qui s'étend depuis l'église jusques aux haies de Tatinghem.

En janvier 1505, le magistrat avait établi au Nard une briqueterie au profit de la ville. Ce genre d'industrie y est encore aujourd'ui prospère, ainsi que la fabrication du sucre indigène. — Dans le cours de ce siècle, plusieurs incendies ont éclaté dans la commune de St-Martin-au-Laërt. Le 26 avril 1822, un feu violent y surgit vers huit heures du soir. — Le 28 décembre 1832, au milieu de la nuit, un incendie considérable dévora presque entièrement l'importante sucrerie de MM. Flandrin et Pannequin. — Le 1.er avril 1836, la maison de M. Régnier, située près de cette sucrerie, fut aussi consumée par les flammes. — Dans ces deux derniers incendies, M. Lefebvre, curé du village, montra les sentimens d'un homme vertueux, et d'un prêtre charitable. — Les traits de bienfaisance ne sont pas rares dans cette commune.

En 1833, un corps de pompiers s'est organisé dans ce

lieu et les administrateurs ont mis sagement en disponibilité les instruments nécessaires à ses utiles fonctions. Cette institution était d'un besoin imminent. Honneur à ceux qui l'encouragent d'une manière efficace! — Ces pompiers manifestèrent une ardeur, et un courage à toute épreuve dans l'incendie de 1836, comme dans l'incendie d'Helfaut qui a éclaté à la même époque. — Le 13 septembre 1837, le feu se déclara de nouveau à St-Martin-au-Laërt, et y détruisit une grange ainsi qu'une maison habitée par plusieurs ménages. — Maintenant la compagnie de pompiers de cette commune est parfaitement organisée et habillée à ses frais.

Dans le cimetière de St-Martin-au-Laërt, vous remarquerez les tombes du jeune docteur Desmarquoy, du vieux libraire Huguet, de Guilleman, l'actif praticien d'Aire, du lillois Jules Denisart, du bon Deprey-Leblond, le vénérable patriarche, car *à qui aurait-on pû le comparer?* à côté de Félix Duval, le savant musicien, est le doux abbé, Ambroise Bucquet, est le vénérable anglais Philippe Scalon, non loin des élégantes colonnes élevées aux enfants de Gomer, à Désiré de Givenchy honoré d'une inscription latine; puis, ce sont les doyens, Lecoutre et Corrielle, chargés de leurs 93 ans; un enfant *d'un printemps au plus;* dans un coin réservé et grillé, une jeune fleur, sa première habitante, que *le soir nous avons vue séchée;* et à travers des épitaphes effacées, un adjoint aimé et regretté du peuple, Gaddeblé, *enlevé d'une manière cruelle,* et l'avocat Bonnard, artisan courageux de sa fortune, dont les relations étaient pleines d'urbanité.

La commune de St-Martin-au-Laërt, jadis du bailliage et du diocèse de St-Omer, la plus proche (2 kilomètres) et l'une des plus jolies de nos environs, voit s'élever chaque année sur son sol fertile et favorable aux exploitations agricoles, des établissements industriels, de beaux édifices bourgeois, des maisons de plaisance, ou des solitudes champêtres. — On y fait maintenant les ventes à l'encan qui ne sont plus tolérées dans l'intérieur de la cité. — Sa population, qui en 1807, s'élevait à 600 habitans, est aujourd'hui de 900 âmes, et le nombre de ses habitations est de 130 au moins. Il s'y trouve 90 électeurs municipaux. — Sa superficie est de 492 hectares. — L'institution communale y est en voie satisfaisante de progrès. Le maire de St-Martin-au-Laërt est M. Campagne, et le desservant, M. Lefebvre. — Sa foire est

fixée au 21 juillet, et sa kermesse arrive le 5me dimanche de septembre, véritable jour de fête pour les audomarois, comme on peut s'en convaincre facilement
encore, en s'arrêtant quelques instans à l'ancienne et
joyeuse réunion du *Petit-Pont*. C'est là que s'assemble
la célèbre société des tireurs à l'arc sous la présidence
de M. Hellebois, *Rôi* de 1838. Au dernier et fameux tir
de Bourbourg, cette société du *Petit-Pont* a obtenu la
médaille destinée au plus grand nombre de tireurs,
concurremment avec Gravelines.

———

SALPERWICK.

Salperwick est un des plus anciens villages de l'arrondissement de St-Omer, situé à 2 kilomètres nord-
ouest de la ville, sur le bord d'un marais jadis couvert
par les eaux du golfe Itius, et actuellement coupé par
plusieurs ruisseaux. Son nom primitif est *Solperwick* ou
Sobruick. Cette étymologie, d'après Malbrancq, émane
des mots latins *vertigal persolvere*; ce qui signifie que les
marchandises expédiées autrefois par cette voie maritime
devaient à leur déchargement y acquitter l'impôt établi
par les romains, pour pouvoir ensuite être transportées
à Thérouanne par un chemin qui traversait alors le village de Tatinghem. — Une autre voie romaine d'Arques
à Boulogne, dont il ne reste que peu ou point de vestiges, passait sur le territoire de Salperwick et favorisait l'entrée des villages de Tilques, Serques, Houlle,
Eperlecques et Ruminghem. — Ce nom de Salperwick
indique encore que la marée y était très-rapide; car
Sal, *Ber*, *Wick* signifie le *village du Courant-Salé*. Cette
terminaison *Wick* qui s'est conservée dans les langues du
nord, a passé chez les latins avec sa signification *Vicus*.

Il est question, pour la première fois, de Salperwick
dans *le Grand Cartulaire de St-Bertin*, à la fin du 11e siècle et dans le cours du 12e, à l'occasion de divers accords
passés entre l'abbaye et quelques détenteurs de portions
de marais.

Le monastère de St-Bertin avait alors des propriétés

dans presque tous les villages qui environnent St-Omer; de là des contestations multipliées, soit pour des priviléges de pêche, soit pour des rentes féodales, ou même pour le simple droit de placer des cygnes dans les fossés du voisinage. Dès le quatorzième siècle au moins, les abbés de St-Bertin avaient une maison de plaisance dans l'enceinte de Salperwick. Elle fut entourée de fossés en 1424. Un incendie la consuma en partie au commencement de 1597. Un accident semblable la réduisit encore en cendres en 1592. Elle fut rebâtie de fond en comble en 1751.

Les clairisses, dites riches claires ou urbanistes, résidèrent primitivement à Salperwick dans un couvent fondé en 1272 par Mahaut de Brabant, comtesse d'Artois. Comme ce lieu, toujours très-marécageux, était encore presque inaccessible en hiver, elles se retirèrent en 1290 dans un nouveau couvent non loin de la porte d'Arras, à St-Omer.

Il serait difficile d'assigner une date satisfaisante à l'église de Salperwick qui se trouvait dans l'ancien diocèse de St-Omer. Elle a été construite probablement dans le 17ᵉ siècle, vers la fin de la domination espagnole, ainsi que beaucoup d'autres églises de notre arrondissement. Le 28 mars 1705, cette cure fut réunie, au décès de M. Louis flamen, son pasteur, à celle de St-Martin-au-Laërt jusqu'en 1733, et Salperwick ne conserva plus qu'un chapelain pour les offices des dimanches et fêtes, comme cela a encore lieu aujourd'hui. L'église détruite, à l'exception de la tour, pendant la révolution, et qui est maintenant une annexe de la paroisse de Tilques (1), fut à peu près rétablie par la piété des fidèles. Son état actuel est décent et convenable, la voûte est neuve, et ses murs sont décorés de tableaux. C'est là qu'une foule de pélerins se rendent en neuvaine à la mi-août, au temps de la kermesse, pour y adorer l'image de *Notre-Dame de bonne fin*. C'est là que Napoléon tint sur les fonds baptismaux un enfant qu'il dota de son nom. Honneur que tous n'auraient pas voulu recevoir, mais assurément très-digne d'être envié par les partisans du grand homme. — Elle était dédiée probablement à St-Riquier, car on y voit sa statue.

En février 1489, le maréchal Desquerdes se posta à

_____

(1) Un prêtre habitué de St-Omer, M. Mathon, y célèbre ordinairement la messe les dimanches et fêtes.

4

Salperwick, cherchant vainement à conserver le château de St-Omer à la domination française.

Henri VIII avait logé à la cense de St-Bertin, à Salperwick, le 9 août 1513. Ce prince avait quitté momentanément le camp des alliés devant Thérouanne, pour complaire aux désirs de l'abbé, lequel trouva ainsi l'occasion de lui recommander vivement les intérêts de ce village. (1). — Salperwick fut pillé et brûlé par les français, pendant le siège de St-Omer, le 30 mai 1638. Ils y établirent alors un fort pour les protéger dans leurs opérations, et jetèrent un pont sur la Nardstroome pour faciliter le transport de leurs vivres. Le prince de Soubise logea à Salperwick en 1755.

Ce fut dans la belle maison de campagne, appartenante encore avant la révolution à l'abbaye de St-Bertin que fut préparé en 1804 le logement du premier Consul. Il y séjourna depuis le 27 août à neuf heures du soir jusqu'au surlendemain à sept heures et demie du matin, et reçut à son quartier-général toutes les autorités impatientes de féliciter le nouveau souverain. — Le maire de St-Omer eut audience le 28 (2). — Ce château splendide servit encore deux années au quartier-général de la grande armée pendant le camp de Boulogne.

Par acte notarié du 3 janvier 1554, il fut attesté que la Banlieue de St-Omer s'étendait jusqu'aux villages de Salperwick, Tilques, Leulinghem, Wisques, Longuenesse, Wisernes et Blendecques.

Le maire de Salperwick est M. Platiau.

Cette commune qui autrefois avait un échevinage particulier du ressort du bailliage de St-Omer, n'a guère plus de 60 maisons et de 330 habitans. Sa population a augmenté d'un cinquième depuis trente ans. Sa superficie totale est de 344 hectares. Une partie des terres de Salperwick est considérée comme la plus productive du canton. — M. Adolphe Marescaux est un agronome actif et plein d'expérience. La ferme *Platiau*, ancienne propriété de St-Bertin, était une des plus importantes

_____

(1) M. Leglay a publié depuis peu la curieuse correspondance de ce roi d'Angleterre avec l'empereur Maximilien ; elle intéresse vivement l'histoire de ce pays.

(2) *Notice sur les camps de St-Omer*, pag. 10.
La Villa de Napoleone. (Mémorial Artésien , n° 742).

de la contrée. Elle fut incendiée dans la nuit du 2 an 3 décembre 1810, avec perte presque entière du mobilier. — Le 12 mars 1839, après midi, un incendie dévora encore une habitation à Salperwick, avec dommage de 3,800 francs.

— Dans le cimetière de Salperwick est un mausolée en marbre blanc, le plus gracieux de nos cimetières ruraux; un seul mot y est gravé en lettres d'or: *Fanny.*

« Le paysage des environs de Salperwick est très-pittoresque : vers la fin d'une belle journée de printemps, on est frappé, observait en 1804 le général Vallongue, de la richesse de végétation qui se fait remarquer dans ces sentiers agrestes.... » C'est qu'effectivement le voyage y est enchanteur, soit par terre, soit par mer; car il y a peu d'avenues plus romantiques que celle de Marescaux, illustrée par le souvenir de Napoléon, et à la brillante époque de la kermesse, si mal à propos négligée de nos jours, puisque deux ou trois paires de batelets seulement stationnent, au lieu de la centaine d'autrefois, dans le port *au Lait Battu,* maintenant presque à sec, c'était vraiment un tableau plaisant et délicieux, vous racontera l'antiquaire, que la flotille surchargée des bons Audomarois qui traversaient gaiment les redoutables passages de la *grande mer* et du *trou d'enfer,* impatients de répondre au signal rapproché des instrumens champêtres. C'est à ce *trou d'enfer,* qu'une inondation enleva une partie de la récolte de 1838; c'est là, pendant un des hivers précédents, qu'Adolphe Cabaret, huissier, qui s'est plusieurs fois généreusement dévoué pour la vie de ses semblables, a failli périr dans une chasse sur la glace. Dans la rivière dite le *Nastrum,* entre Salperwick, et la porte de Calais, un homme se noyait dans les premiers jours d'août 1837..... Tout à coup le maraîcher Vivier se précipite à l'eau, et ramène le malheureux à bord; c'était la dixième personne qu'il arrachait ainsi à la mort, entr'autres, en 1833, une pauvre femme de Salperwick.... Un comité devait être établi, dit-on, à la chancellerie de la légion d'honneur, chargé de signaler les vertus obscures et les talens de la province... Allons, en conscience, qui a mieux mérité la croix que le généreux Vivier ?

SERQUES.

Cette commune est située à 6 kilomètres nord de
St-Omer, sur le bord d'un marais autrefois couvert par
les eaux du golfe Itius, et présentement entrecoupé de
ruisseaux et de rivières. Selon Malbrancq, Serques était
désigné du temps de César sous le nom de *Schuerkas* qui
signifie église sur ou près de la mer, à cause de sa situation le long du golfe. Un chemin d'Arques à Boulogne en
rendait l'accès plus facile. — En 874, une parente de
Gérard, seigneur d'Eperlecques, donna à l'église de St-
Omer, son village de Serques consistant en une église,
onze maisons, deux pâtures ou prairies et quantité de
terres à labour.

Arnould, Seigneur de Serques, étant entré comme
religieux dans l'abbaye de Licques, fit don à cette communauté en 1170 d'une partie du territoire de Serques.
Cette donation fut le germe d'une longue et vive contestation plusieurs siècles après, entre le seigneur du
village qui prenait le titre de vicomte, et l'abbé de Notre-Dame de Licques. On peut lire les détails intéressants de cette contestation dans le tome 1er des mémoires de la société des antiquaires de la morinie.

Le 17 janvier 1597, un parti de maraudeurs français
donna un furieux assaut à l'église de Serques où se trouvaient renfermés les bestiaux et les meubles les plus précieux des habitans; ceux-ci résistèrent pendant cinq
heures avec une énergie désespérée, et démolirent même
la galerie de l'église pour en lancer les débris aux assiégeants, mais ils ne purent les empêcher d'y pénétrer, et
d'enlever tout le mobilier.

L'église de Serques fut pillée par les Français le 1er février 1598. — Cette commune fut encore dévastée par
es Français pendant le siège de 1638.

La tour de l'église de Serques s'écroula vers l'année
1660. L'entretien du chœur regardait spécialement le
chapitre de Notre-Dame de St-Omer, comme propriétaire foncier des terres voisines.

Il nous a été impossible de nous procurer sur Serques
des renseignements moins incomplets, et des données
historiques plus nombreuses. Cela toutefois peut encore
se découvrir.

Serques a une superficie de 979 hectares. Sa population actuelle est d'environ 1100 âmes, et le nombre de ses habitations a atteint 200. — Sa kermesse est fixée au 1er dimanche de septembre. — Le maire est M. Helleboid, et le desservant, M. Wacquet. — Le vénérable M. Marcan, ancien desservant, est actuellement prêtre habitué à l'hospice civil de St-Omer. — MM. Helleboid et Marcan sont les restaurateurs de l'église de Serques. Son petit clocher est de 1830. L'intérieur du temple, presque sans ornements, ressemble à celui d'une vieille grange blanchie. La voûte de la nef est basse et d'un aspect sombre ; on s'aperçoit facilement au point d'intersection avec les bras de la croix, qu'il y a dû avoir là trois nefs, ce que confirme encore la trace extérieure d'une large arcade. L'église est sous le patronage de St-Omer dont la statue est au-dessus du tabernacle. — Un de ses coins a été réparé en 1750. — Dans le cimetière, on voit quelques noms des notables de l'endroit : Senleq, Platiau, et Helleboid ; et plusieurs vieux tombeaux en granit dont les inscriptions sont effacées.

TILQUES.

Le village de Tilques, dont l'ancien nom était *Tilleka*, est situé à 6 kilomètres nord-ouest de St-Omer, sur le bord d'un marais anciennement couvert par les eaux du golfe Itius et actuellement desséché au moyen de quelques rivières ou ruisseaux dont il est entrecoupé.

L'existence de Tilques est très-ancienne, et paraît même, suivant Malbrancq, remonter au temps de Jules César. Il y avait jadis aussi un chemin de communication d'Arques à Boulogne qui facilitait l'entrée de ce village.

Pendant le siége de 1638, Tilques fut détruit par les Français. — En 1663, M. Taffin reconnut à la suite d'une transaction que la chapelle de Tilques par lui érigée se trouvait dans la juridiction du magistrat de St-Omer. — En 1293, il y avait une église à Tilques, d'après les archives de la chambre des comptes. L'église actuelle de Tilques nous a paru assez remarquable.

Elle manque de clocher à la vérité, et sa cloche est en dehors abritée sous une sorte de hangard, mais l'ensemble gothique de ses trois nefs, étroites, obscures, quoique d'une extrême propreté, et dont les voûtes sont toutes neuves, surprend tout-à-coup le voyageur qui se croit un moment dans un autre siècle. — Ses arcades sont antiques, et ses colonnettes badigeonnées. — Une belle copie du Christ de Van Dick décore le maître autel. Le chœur est pavé de dalles. — Les armoiries du seigneur sont restées sur le grand portail. — Là se trouve aussi un vieux vase Baptismal.

La superficie de Tilques est de 7o4 hectares; 94o âmes forment aujourd'hui sa population, et le nombre de ses habitations peut s'élever à 18o. — Sa kermesse est au premier dimanche d'octobre. — Cette commune est une des plus agréablement boisées des environs de St-Omer. On y voit un ancien castel, *le château d'Ecoult*, dont il est question dans l'histoire de France, ainsi que plusieurs jolies maisons de plaisance, entr'autres celles de MM. Taffin *de Moncheaux*, et *H. Lesergeant* de Bayenghem, noms honorables d'anciens députés du parti conservateur, qui autrement que bien d'autres parvenus, ont rendu de véritables services à leur pays. — Tilques est la patrie du comte de Lamoussaie. Un petit mausolée dont les faces latérales rappellent les principales actions de ce guerrier distingué, lui a été érigé dans l'humble cimetière de son lieu natal où son cœur a été déposé. — Quelques pas plus loin, on se découvre avec respect devant la tombe du brave capitaine Villeneuve. On aperçoit aussi dans ce cimetière la haute pyramide en marbre érigée au négociant Maximilien Legrand.

— Le chevalier René Taffin est décédé à Tilques le 25 juillet 1837. C'était un ancien lieutenant colonel du temps de l'émigration, homme pieux et loyal. — Dans le chœur sont apposés les marbres consacrés à la famille Taffin de Hupy et à M. Deslyons de Moncheaux.

Le maire de Tilques est M. Dassonneville, et le desservant M. Gilles. A l'extrémité de cette commune, vers Serques et dans un bas fond entre deux chemins, est une ancienne petite chapelle de *Notre-Dame des Sept Douleurs* dont la toiture en pannes rouges s'aperçoit de loin sur la grande route.

CANTON SUD.

ARQUES.

Arques est la commune la plus considérable des deux cantons de St-Omer. Elle est située à deux kilomètres sud-est de la ville, sur la rivière d'Aa, et la grande route de St-Omer à Aire, à l'embranchement de celle de Cassel.

Son étymologie paraît venir du latin *ab arcibus*, pour désigner des forteresses qui ont été selon Malbrancq, baties dans ces parages, du temps de César. — Une voie romaine conduisait d'Arques à Boulogne par St-Martin-au-Laërt et Salperwick; elle favorisait l'entrée des villages de Tilques, Serques, Houlle, Eperlecques et Ruminghem. L'établissement de cette route, et les faibles restes de fortifications qui existaient encore au commencement de ce siècle le long du canal du Neuf-fossé, semblent assez prouver l'antique importance de cette commune.

Arques servait de défense au golfe Itius; c'est au-dessus d'Arques que l'Aa se partage en deux branches qu'on appelle encore aujourd'hui les deux meldiques.

Parmi les châteaux-forts construits par les romains à l'époque de la conquête de la Morinie, celui d'Arques doit être placé au premier rang à cause de son utilité, et des graves événements dont il a été si longtems le théâtre.

Les historiens ont donné à la terre d'Arques le nom
de comté, parce que celui qui la possédait avait le titre
de comte. Ce domaine fut alloué à Mathilde, fille de
Léger II, comte des morins, vers 524, lors de son ma-
riage avec un prince issu, soit de la maison de Brande-
bourg, soit de la maison de Bourgogne, et les descen-
dants de cette princesse en restèrent les maîtres jusqu'à
l'époque de la donation qui en fut faite à l'abbaye de
St-Bertin. Ses dépendances s'étendaient sous le donateur Walbert, arrière petit fils de Mathilde, du côté de
la mer jusqu'à Escales, entre Sangate et Wissant, et de
l'autre à la côte depuis le territoire d'Oye. Les prédé-
cesseurs de Walbert, comte d'Arques, se nommaient
Aldéric et Agnéric.

Les armoiries des comtes d'Arques, portaient de
gueules aux deux clefs d'or et par le bas au fond d'argent brestequées et contrebrestequées de deux pièces de
gueules. Les abbés de St-Bertin ont ajouté une crosse
abbatiale d'or entre les deux clefs. — En 1768, l'abbaye
de St-Bertin justifia pardevant le conseil d'Artois que
la terre d'Arques avait été décorée du titre de comté,
et le conseil lui permit de continuer à se servir de cette
gratification.

Saint-Bertin avait contracté une amitié étroite avec
Walbert, et d'autant plus avantageuse qu'Adroald ve-
nait de mourir. — Bientôt une église paroissiale est bâtie dans le village d'Arques. St-Omer s'empresse de la
bénir, et la dédie à St-Martin. Les habitans des environs y
accourent en foule pour entendre l'évêque de Thérouanne et l'abbé de Sithieu qui venaient souvent y prê-
cher à la sollicitation de Walbert. Ce dernier ayant fait
une chute de cheval très-dangereuse sur le chemin d'Arques à St-Omer, à l'endroit où l'on vit longtems une
croix de pierre, fut guéri par St Bertin, et s'étant fait
religieux sous sa direction ainsi que son fils unique, il
fit à l'abbaye une cession entière de ses immenses propriétés, dans lesquelles se trouvaient Poperingues, et le
pays de Brédenarde, mais dont la nomenclature est contestée par plusieurs auteurs. Telle a été l'origine de la
prévôté d'Arques, où se forma une petite communauté
qui était dépendante de celle de la cité. Odland, 19e
abbé de St-Bertin, y établit sa résidence ordinaire à la
fin du 8e siècle. Il orna ce lieu de beaux bâtimens et
agrandit considérablement l'église de St-Martin. Il avait

un génie particulier pour les travaux hydrauliques, et on lui attribue les premiers moulins à eau du pays. Il dériva dans un bief supérieur un des bras de l'Aa pour faire tourner les moulins du château d'Arques qui étaient renommés, et il obtint du grand forestier que personne ne pourrait faire construire de moulin au-dessous de cette habitation jusques à la mer. — La charte concernant la défense d'élever aucun moulin d'Arques à Bourbourg, sans l'autorisation de l'abbé de St-Bertin, est de 1102. — La prévôté d'Arques fut en divers siècles la résidence de plusieurs abbés de St-Bertin et en 1406 d'un évêque des morins.

Le comte Arnould-le-Grand étant devenu propriéthaire du village d'Arques, le rendit le 21 mai 952 à son neveu Hildebrand 26ᵉ abbé de St-Bertin, pour l'usage de ses religieux. Cette donation fut confirmée par Lotaire, roi de France, avec droits de haute et basse justice, et indépendance de toute juridiction séculière. — Dans le milieu du 11ᵉ siècle, Baudouin V, comte de Flandre, se transporta à Arques pour terminer une querelle qui s'était élevée entre le chef de la prévôté et l'advoué de Sithieu, et régla alors avec solennité, les droits, privilèges et franchises des autorités diverses. — En 1093, Robert II, comte de Flandre, donna une charte relative aux immunités d'Arques, et en février 1231, Jacques Iᵉʳ, 45ᵉ abbé de St-Bertin, fit l'octroi de la fameuse et libérale loi, dite *chorée d'Arques*. — En 1231, année remarquable de la *chorée*, l'abbé de St-Bertin ayant intenté un procès aux habitans d'Arques, à l'occasion de l'usurpation d'un marais, se rendit à l'endroit litigieux, et là, il fut indignement insulté par une multitude de furieux; ceux-ci furent punis avec rigueur, et la communauté resta privée de ses droits et privilèges. Cette sentence sévère fut confirmée au mois de septembre de ladite année par Louis IX qui se trouvait alors avec sa mère au monastère de St-Bertin. Quelques années après, cet abbé consentit au rétablissement de la communauté d'Arques, mais ses franchises demeurèrent restreintes. — Par édit du 6 janvier 1468, Guillaume Fillatre, 64ᵉ abbé de St-Bertin, corrigea augmenta et renouvela les coutumes de la loi d'Arques qu'il rendit stables et praticables à toujours. — En 1515, François Iᵉʳ confirma les privilèges de la ville d'Arques. — Les limites de la banlieue vers Arques avaient été fixées en 1247, et des bornes plantées à cet effet. — Autrefois, il y avait une fabrication de draps importante dans la commune d'Arques. Il y eut à ce sujet, le 18 avril 1353, un accord entre le magistrat de St-Omer et l'abbaye de St-Bertin. Cet accord n'ayant pas été légalement observé par l'une des parties, le magistrat rendit le 14 mai 1362 contre un nommé Jehan Lefebvre, convaincu d'avoir fait fabriquer à Arques des draps portant la marque de St-Omer, une sentence qui l'obligeait *à assister la corde au col au brûlement de son drap*, et cette sentence reçut son exécution, malgré l'opposition de l'abbé de St-Bertin. — En 1376, Charles V, roi de France, irrité de la destruction de la manufacture de draps à Arques, par une troupe composée de 1000 bourgeois au moins de la ville de St-Omer et d'un grand nombre d'ouvriers en forme d'armée, ordonna au prévôt de Montreuil de faire une enquête sur ce grave événement et de poursuivre les coupables.

Il s'est passé d'importans faits historiques dans la commune d'Arques.

En 1056, l'empereur Henri IV qui avait formé le projet de s'emparer des villes d'Aire et de St-Omer, vint se poster sur le territoire d'Arques qu'il ravagea, mais il ne put franchir le Neuf-Fossé (1), et fut obligé de se retirer plus vite qu'il n'était venu. — Selon Oudegherst, Baudouin VII, comte de Flandre, partant de St-Omer pour se rendre en Normandie, tomba *guère loin d'Arques* dans une embuscade préparée dans un petit bois par les Anglais, ses ennemis, y reçut une blessure mortelle, et fut transporté à Arras, puis à St-Bertin. — Richard-Cœur-de-Lion, chercha, dit-on, à surprendre la ville de St-Omer, mais la voyant bien fortifiée, et ses habitans bien disposés à une défense vigoureuse, il brûla le village d'Arques. Ce fait est loin d'être prouvé, et il nous paraît au contraire que c'est une confusion avec Arques en Normandie ; mais ce qui est incontestable, c'est que ce fut à Arques que Philippe-Auguste, peu de temps avant la bataille de Bouvines, assigna inutilement un rendez-vous à Ferrand de Portugal, comte de Flandre pour dissiper amiablement leurs motifs de discorde.

(1) Variétés sur la ville de St-Omer, n° 137. — Mémoires des antiquaires de la Morinie, t. IV.

La bataille d'Arques au commencement du 14ᵉ siècle a été racontée par la plupart de nos annalistes. Le comte de Juliers avait formé alors le projet d'assiéger la ville de St-Omer, et s'était avancé avec une armée de trente mille hommes. La compagnie d'Ypres brûla le village d'Arques, mais le château résista vivement. Les Audomarois étant accourus au secours de la forteresse, il y eût à cet endroit un choc opiniâtre et sanglant. La lutte ne fut pas moins acharnée, en un étroit passage, auprès du pont d'Arques dont les Flamands s'étaient emparés; le pont s'écroula, et ceux-ci furent presque tous tués ou submergés. Sur 800 Yprois, il en revint à peine 200. Meyer fixe à 3000 hommes la perte des Flamands dans ce combat qui se livra le jeudi-saint de l'an 1303. Les autres évaluations sont exagérées; mais cette rencontre que l'on a confondue aussi avec celle de Mons-en-Pewelle, commença à effacer un peu le souvenir de Courtrai, et l'irritation de la défaite porta la populace d'Ypres à massacrer plusieurs échevins, conseillers et autres bonnes gens de cette ville, sous prétexte qu'ils en étaient la cause.

Au mois de juillet suivant, les Flamands revinrent à la charge, et prirent Arques de nouveau, mais les Français ne tardèrent pas à les en déloger encore.

Pendant les démêlés des habitans de Bruges avec le comte de Flandre, un congrès annoncé, dès le 18 février 1325, fut tenu à Arques où l'on traita de la paix qui après plusieurs conférences antérieures, fut conclue le lendemain de Pâques de l'an 1326, aux conditions de payer par les Brugeois quelque argent au comte et au roi de France d'exécuter quelques pélerinages et de bâtir plusieurs églises. Cette paix d'Arques dura peu. Le roi de France y avait envoyé André de Florence qui fut plus tard évêque de Tournai. « Quand et combien de temps les peuples de la France furent-ils donc heureux et tranquilles ? »

En 1340, Robert d'Artois qui faisait alors cause commune avec nos ennemis, voulut entreprendre le siège de St-Omer, et vint asseoir son camp à Arques, où il se retrancha en attendant un grand renfort d'Anglais et de Flamands. Une nouvelle bataille s'en suivit bientôt Les troupes du traître furent surprises *dans la petite ville d'Arques*, a dit Lingard, et dispersées avant d'avoir atteint leur destination. 4000 Flamands furent tués dans cette action qui se passa le 26 juillet, et qui est célèbre dans les fastes de la ville de St-Omer. Selon Ferry de Locres, le château d'Arques fut alors brûlé par les Flamands.

Pendant la durée du siège de Calais, Arques fut incendié par un corps de partisans guidés par Oudard de Renti, un des compagnons de Robert d'Artois. M. Van Praët mentionne encore dans cette circonstance le désastre du château.

Les Anglais surprirent vers les fêtes de Noël de l'an 1369 le château d'Arques qu'ils incendièrent, et mirent ensuite à feu et à sang divers endroits circonvoisins. Iperius, le savant Iperius lui-même, contemplait du haut de la tour de St-Bertin la destruction de sa prévôté; et n'ayant pu obtenir aucun secours du magistrat, il envoya ses gens armés pour éteindre le feu. L'église fut préservée dans ce grand sinistre. — En 1386, les Anglais vinrent encore brûler les moulins d'Arques, et firent prisonniers 37 religieux de St-Bertin qui s'y trouvaient. — En 1412, l'abbé de St-Bertin, avec l'autorisation du roi Charles VI, fit fortifier le château d'Arques, et l'entoura de constructions solides pour le mettre à même de mieux résister aux attaques de l'ennemi. Le plan de ces fortifications fut tracé par Jean de Croi en 1415, et approuvé par le roi de France le 22 décembre de la même année. — Les Anglais, sous la conduite du duc de Glocester, détruisirent de nouveau Arques en 1436. Nos campagnes étaient alors désolées par des bandes de cette nation, au caractère féroce, et ardentes à la rapine, et leurs princes prétendaient encore régner sur la France ! — Les fortifications du château furent encore augmentées en 1466. Louis XI le brûla en 1477.

En 1479, l'empereur Maximilien qui se rendait à Thérouanne et à Enguinegatte, se tint durant trois jours à Arques. — En 1486, ce même prince ayant pris la résolution de ravitailler Thérouanne qui avait succombé par surprise, assembla à cet effet une puissante armée à Arques. — En 1487, le maréchal Desquerdes « fit radoubler le château d'Arques.... dit Molinet. » — En 1514, les habitans d'Arques craignaient continuellement encore d'être pillés ou tués par les Anglais. — Les mercenaires allemands incendièrent deux fois Arques dans le cours de 1522. — Martin Dubellay, en parlant d'une sortie faite de St-Omer en 1525, lors des guerres de

François I.er avec Charles-Quint, par une partie de la garnison, raconte que les gens de pied se placèrent « dedans *des carrières* qui sont assez près de l'église, » pour soutenir la cavalerie. C'est l'engagement du vaillant pont de Rémy. — Dans la nuit de la St-Martin 1543. Arques fut de rechef brûlé par les Français. — Le 26 septembre 1581, le prince de Parme, gouverneur des Pays-Bas, coucha à la prévôté d'Arques le duc d'Arschot s'y trouva à la fin de 1596. — Le 2 décembre 1597, les Français firent une attaque sur le château d'Arques, essayant d'enfoncer les portes à l'aide de deux pétards, mais ils furent vigoureusement repoussés. — Le 17 mai 1636, on commença à démolir les grands bâtiments de la Madelaine qui étaient situés sur le chemin de St-Omer à Arques, à cause du préjudice qu'ils occasionnaient à la ville et aux fortifications (1). — Le 10 novembre 1637, les Français enlevèrent tous les bestiaux du château d'Arques. — Le 26 mai 1638, les Français attaquèrent ce château avec quatre pièces de canon, et quoiqu'il fût garni de tourelles et de bastions très-forts, ils l'emportèrent après une courte canonnade. Il était bien fourni, dit-on, de munitions et de vivres, mais il n'avait que 30 hommes pour le défendre. Le maréchal de Châtillon y plaça son quartier-général, et l'évacua lors de la levée du siège de St Omer. — En 1643, l'armée espagnole qui s'avançait en France, campa près d'Arques. — En 1644, le 27 septembre, les Français sous les ordres du maréchal de Gassion s'emparèrent également du château d'Arques où ils surprirent alors 120 soldats de la garnison de St-Omer. Ce général y laissa un régiment de cavalerie pour tenir en échec

---

(1)   ## LA MADELAINE
Notre-Dame-de-Grâce.

Sur la route d'Arques à St-Omer, près du *Cœur-Joyeux*, était une ancienne chapelle construite sous l'invocation de St-Sébastien, qui fut démolie en 1609. L'église de la Maladrerie, dont la fondation est de 1106, qui est citée en 1502 dans nos annales, située tout auprès, fut entièrement détruite lors du siège de 1638. On éleva ensuite sur son emplacement une autre petite chapelle sous le titre de la *Visitation de la Vierge*. — Non loin de *l'arbre de la Madelaine*, les sintaxiens voulurent bâtir en juillet 1609 la chapelle de *Notre-Dame-de-Grâce* ou du *Bon-Voyage*. L'autorisation de cette construction ne fut accordée aux jésuites qu'en septembre 1683. Elle tombait en ruines en 1784, mais elle fut réparée en 1787, et démolie à la révolution.

l'ennemi de ce côté, et pour être averti plus promptement des incidents de la guerre. Les Espagnols qui étaient encore à St-Omer cherchèrent bientôt à le reprendre. — Le 2 juillet 1657, le duc d'York, depuis Jacques II, stationnait à Arques avec le prince de Condé et Don Juan d'Autriche, campés avec les Espagnols. — Le 5 mars 1677, à quatre heures du matin, le château d'Arques fut pris par le duc d'Orléans. On dit que les vainqueurs le firent sauter, mais on a pu confondre ce fait avec la destruction du *Fort-Rouge*. — Le château actuel, sur la façade opposée à St-Omer, porte le chiffre de 1664.

La plupart des personnages remarquables qui résidèrent dans la ville de St-Omer, ont traversé le village d'Arques; et que de puissants monarques, que de héros renommés, que de princes éprouvés par la fortune ! Charlemagne et Charles-Quint, Louis XIV et Napoléon... Bayard et le Grand Condé, Don Juan d'Autriche et Alexandre Farnèse..... Childéric III, Jacques II et Charles X.

Le village d'Arques, indépendamment des désastres que nous avons signalés, a essuyé plusieurs autres incendies. Ipérius raconte que dans un incendie qui éclata à la prévôté en 1135, la châsse de bois de St-Folquin qui était conservée dans la chapelle fut entièrement consumée, mais que la relique fut retrouvée intacte au milieu des brasiers. — En 1512, à la mi-carême, il y eut à Arques un incendie considérable qui réduisit en cendres la plus grande partie des maisons. — Deux autres incendies y éclatèrent encore en mars 1597, mais ils n'atteignirent que des barraques de vivandiers. — Le 22 janvier 1727, le feu prit à un four à Arques et occasionna la destruction de 30 à 40 maisons. — Le 25 juin 1839, un incendie consuma à Arques 5 maisons avec leurs dépendances, en face de la verrerie. La perte s'éleva au-delà de 7,000 francs. Les sieurs Vallet et Matton se dévouèrent ainsi que les sieurs Perrier et Decléty pour arracher des enfants aux flammes. Le zèle de M. Porion fut aussi remarqué, de même que la générosité opportune de M. Cadart, principal du collége. Un autre incendie éclata à Malhove en octobre de la même année. — On avait placé sagement en 1835 dans cette commune une pompe à incendie, mais le manque d'une bonne pompe se fit sentir encore dans cette triste circonstance.

La première église d'Arques avait été érigée par le comte Walbert en 646, d'après Ballin. Celle qui avait été fortifiée en 1403, par les soins du comte de St-Pol et qui portait encore le nom de St-Martin en 1543, fut détruite dans le sac de cette année. Le clocher de l'église actuelle, presque derrière la tourelle du château, est un des plus élégants des environs. Sa construction avait été décidée le 14 juillet 1776, en vertu d'une transaction entre l'abbaye de St-Bertin et les habitans. L'intérieur du temple est assez vaste, mais nu, dépouillé de tous ornements, sauf quelques tableaux à peine supportables; les deux chapelles latérales sont commencées depuis plusieurs années et leur inachèvement contribue à faire considérer cette église dont le porche toutefois est d'une architecture élégante, comme une des plus tristes de nos cantons.

Le cimetière d'une étendue assez considérable, offre quelques noms dignes d'être conservés. Tout auprès du mausolée épique du vaillant capitaine Bugat, se trouve une douzaine de longues pierres bleues toutes revêtues de légendes anglaises dont les sujets les plus saillants sont le major Hampden, le colonel Pogson, et le recteur Richard Sanderland. — Non loin est l'inscription modeste de Jacques Delattre, celle qui constate l'âge le plus avancé des habitans de nos cimetières, 96 ans; puis, plus haut, près de l'entrée principale de l'église, vous retrouverez, parmi quelques compagnons de Clairmarais, les braves maires d'Arques, Pierre et Jacques Bouquillion; en face de la petite entrée, vous pourrez lire avec édification de beaux vers sur la tombe de Joseph Gay; et du côté du village, où dorment paisiblement le pieux curé Quéval dont une épitaphe latine nous rappelle la cécité; et l'agréable membre de la société philharmonique, Guilbert, vous vous arrêterez certainement avec émotion devant la jolie petite pyramide qui contaste les vertus de la bonne Louise Lemaire, et le cippe consacré à la mémoire de Philippe Pruvost, ce géant des praticiens, qui a laissé dans notre temple de Thémis un souvenir ineffaçable, et un vide presqu'impossible à combler.

Près de la justice d'Arques s'élevait jadis encore une

petite chapelle. En 1461, le bailli d'Arques condamna pour homicide une femme à être brûlée ou enterrée vive.... Nous aimons à croire que cette sentence atroce n'a pas été exécutée.

La superficie de la commune d'Arques qui embrasse plusieurs hameaux, est de 2048 hectares. En 1807, sa population était de 1730 habitans, et le nombre de ses maisons de 330. Sa population actuelle va atteindre à 2400 âmes et l'on y compte 400 habitations ; il s'y trouve 170 électeurs municipaux.

Plusieurs défenses d'éléphants ont été découvertes à diverses reprises dans les terrains dépendants ou voisins de cette commune. — La garenne d'Arques est la promenade la plus pittoresque des environs de St-Omer. — Le jeu des sept écluses posées en 1754 aux Fontinettes, produit un effet étonnant, et mérite toute l'attention des voyageurs. — Ce fut au mois de juillet 1772 que s'opéra la jonction de l'Aa avec la Lys un peu au-dessus d'Arques. — Sur les bords de ce canal, en deçà de la belle écluse à quatre faces, le 16 juillet 1838, M. Dekeisère, juge, arracha une vieille femme à la mort au péril de sa vie. — On voit à Arques, une belle verrerie habilement dirigée, plusieurs distilleries, tanneries, fabriques d'amidon, importans fours à chaux et magasins de charbon, et de vastes moulins à farines. L'histoire du moulin de Capol est connue ; l'industriel a triomphé du châtelain, et une girouette facétieuse est devenue l'armoirie du nouveau bâtiment. — Le 60e abbé de St-Bertin et le 25e abbé de Clairmarais sont nés à Arques. C'est la patrie de l'un des 123 héros de Mazagran. Le maire est M. Fauquet, le desservant M. Sokeel, le vicaire M. Caron, l'instituteur, M. Mannier. On vante beaucoup le mérite de cet instituteur. — La kermesse est fixée au 1er dimanche de septembre. — Les hameaux d'Arques sont : *Haut-Arques*, *Malhove*, *Le Fort-Rouge*, *Hoguel*, *Lobel*, *Optrove*, *Stiennart* (1).

(1)　　　　　RIHOULT.

L'époque de la fondation du château de Rihoult est contemporaine probablement du siècle de St-Omer et de St-Bertin. On dit qu'il appartint au comte Walbert ; Baudouin de Lille vint l'habiter en 1056 et Philippe d'Alsace y fixa sa résidence en 1164. — Il était situé en arrière du Neuf-Fossé et à l'entrée du bois. — En 1180, il fit partie

BLENDECQUES.

Blendecques, autrefois *Blandiacum*, d'une existence aussi lointaine que la conquête des romains, situé à 3 kilomètres de St-Omer, dans une vallée boisée, enchanteresse, parcourue par la rivière d'Aa, est cité avec justice comme le plus joli village des environs de la ville des Audomarois.

On a trouvé aussi sur son territoire des débris de vaisseaux, des squelettes d'animaux marins, et plusieurs morceaux d'antiquité qui semblent confirmer l'origine reculée de ce lieu presqu'entièrement couvert autrefois par la forêt de Lo.

Blendecques était compris dans la donation faite à St-Omer par Adroald. Cette commune commença à être connue vers la fin du 12ᵉ siècle par la fondation d'une abbaye de filles de l'ordre de Cîteaux, en l'honneur de Ste-Colombe, sous la direction de l'abbé de

de la dot de Philippe-Auguste et plusieurs comtes d'Artois y résidèrent. — En 1342, on y envoya de la poudre à canon de St-Omer. La forêt de Rihoult était considérable, et les viviers productifs. — Ils étaient entourés d'une grille de fer. — Il fut pris par Robert d'Artois en 1339; et les flamands le démolirent lorsqu'ils cherchaient à aider les anglais à s'emparer de Calais en 1347. — Dans les guerres du 17ᵉ siècle, Rihoult fut pris et repris par les Français et les espagnols. — On apercevait encore plusieurs restes de ce château dans le siècle précédent. — Il faisait partie du domaine d'Arques. — En 1650, on songea à y établir un fort royal, mais ce projet ne reçut pas son exécution.

Philippe d'Alsace avait fondé une chapelle dans le château et son premier chapelain s'appelait *Pierre*. — Plusieurs autres dignitaires habitaient encore ce château qu'on appela longtems aussi dans le pays *le Château des Sarrasins*. « Il n'en existe plus aujourd'hui d'autre vestiges qu'un tertre quadrangulaire, aux angles arrondis, marquant encore l'emplacement des grosses tours qui le flanquaient, le large fossé d'enceinte presqu'entièrement comblé, et les débris des anciennes constructions, mêlés à la terre que le soc de la chétive rencontre chaque année. » Ce terrain contient environ 2 hectares. — Le château de Rihoult détruit rappelle la destruction du Fort-Rouge, du Blanc-Ries, et du Fort des Vaches si habilement reconstruit.

6

Clairmarais. Didier, 33ᵉ évêque de Thérouanne, favorisa particulièrement en 1186 les pieuses intentions du donateur Baudouin, chantre et chanoine de sa cathédrale ; il obtint du pape Clément III une Bulle confirmative du 14 mars 1189, et fit approuver ensuite les statuts de la communauté par Baudouin IX, comte de Flandre. Ce petit couvent compta une série de quarante et quelques abbesses ; Heylenvidis, fille d'un officier supérieur, a été la première, et dans le 18ᵉ siècle, madame Baudouart, la dernière de ces dignitaires. Dans le 18ᵉ siècle, il s'y trouvait vingt religieuses, et son revenu était de six mille livres. (Gallia Christiana. t. 5.) Un fragment du Saint-Cierge, *Joyau d'Arras*, fut longtemps conservé avec vénération dans l'abbaye de Ste-Colombe. On a dit que Mathilde de Bourgogne, femme de Baudouin III, comte de Flandre, et qui s'était remariée avec un comte des Ardennes, avait été enterrée à Blendecques en 1009 ; mais que pouvait être cet endroit à une époque éloignée encore de deux siècles environ de la fondation de son abbaye ? On prétend cependant que l'église de Ste-Colombe existait auparavant à Blendecques, et que le patronat de cette cure fut transféré ensuite au nouveau monastère. L'abbaye fut réédifiée en 1643. Les dames de Blendecques se retirèrent plusieurs fois à St-Omer dans leur refuge, surtout dans les guerres des 14ᵉ et 17ᵉ siècles. Ce refuge qui coûta 12,000 florins, était situé près de l'établissement des religieuses de Ste-Catherine ; il a laissé le nom de ses propriétaires à une rue de notre cité. La place près de la résidence de ces dames avait été acquise en 1693. L'abbaye de Ste-Colombe fut vendue pendant la révolution et en partie démolie. Elle portait pour armoirie une colombe d'argent avec une crossette d'or dans un champ de sable. Malbrancq a cité plusieurs fois les monuments de cette communauté. — Il subsiste encore quelques beaux bâtiments de cette ancienne maison religieuse.

Les événements historiques qui concernent Blendecques sont nombreux, intéressants, et touchent par divers endroits l'histoire de notre cité.

Au commencement du 15ᵐᵉ siècle, Blendecques fut traversé successivement par des partis flamands et français qui pillaient au mieux les malheureux campagnards. A cette époque, Robert d'Artois qui servait encore fidèlement sa patrie, était gouverneur de St-Omer. Informé

que les flamands, sous la conduite de Guillaume, fils
du comte de Juliers, s'avançaient pour former le siège de
cette ville, il se hâta de faire franchir à ses troupes le
mont de Blendecques, et gagna sur nos ennemis la bataille d'Arques, le jeudi saint de l'an 1303. — Vers la fin
du même siècle, les Anglais occupèrent momentanément Blendecques. — En août 1436, le duc de Glôces-
ter, au retour de son invasion dans la Flandre et dans
l'Artois, brûla Blendecques à l'exception de l'abbaye. —
Le 23 juin 1596, les Français vinrent au milieu de la
nuit détruire les moulins à draps de Blendecques et y
enlevèrent pour plus de 2 000 florins d'étoffes. — Le 15
décembre suivant, des maraudeurs de la même nation
saccagèrent l'église de ce village. — En mai 1598, un
ancien château y fut également dévasté. — Une inondation extraordinaire eut lieu dans la vallée de Blendecques, le 1er février 1635; presque tous les bestiaux péri-
rent. — En décembre 1656, Blendecques fut encore mis
au pillage par un détachement de cavalerie allemande
qui s'était mutiné. Ainsi le sort de cette commune était
d'être ravagée indifféremment par des soldats indisci-
plinés de nations diverses. — « O monarques, ô rois, ne
serait-il donc pas possible, s'écrie le bon Monteil, qu'on
s'entendît avant de se battre, de s'égorger, qu'on fît la
paix avant de faire la guerre! » Hélas, « il est plus
aisé de déclamer contre la guerre que d'en guérir les
hommes. »

Le 25 mai 1638, le maréchal de Châtillon qui se dis-
posait à former le siège de St-Omer, parut en bataille
sur le mont de Blendecques à la vue de la ville; tel s'é-
tait montré avec non plus de succès, en 1380, le duc de
Buckingham, à même distance, de l'autre côté de la
place. A la levée du siège, le 14 juillet, le général
français fit incendier Blendecques.

Le 28 septembre 1644, le maréchal de Gassion envoya
le comte de la Feuillade attaquer l'abbaye; elle fut en-
dommagée par quelques volées de canon, et le maréchal lui-même y vint ensuite passer quelques jours,
tandis que ses troupes étaient campées entre Arques et
Blendecques. Il retourna l'année suivante au même endroit, chargé d'un butin considérable, et après y avoir
campé trois journées, il se retira à cause du mauvais
temps. — En juin, 1654, l'armée du prince de Lorraine
stationna à Blendecques. — Au commencement de juil-

let 1657, le duc d'York, depuis Jacques II, se trouvait à l'abbaye de Ste-Colombe. — Le 5 mars 1677, le duc d'Orléans établit son quartier-général à Blendecques; de là, il examina attentivement pendant plusieurs jours les fortifications de St-Omer qui était sur le point de tomber en son pouvoir: il en partit dans la nuit du 8 au 9 avril pour aller gagner la bataille de Cassel, et il y retourna le 19; le lendemain, il y régla les conditions de la capitulation de la ville assiégée.

Le 29 août 1825, la duchesse de Berry visita la vallée de Blendecques où elle accueillit l'hommage de plusieurs produits de notre industrie. — Le troisième jour de sa résidence à St-Omer, en septembre 1827, Charles X, accompagné de son fils et du prince d'Orange, monta à cheval au haut de Blendecques, et se dirigea sur le fort d'Heuringhem auquel un régiment de ligne allait livrer l'assaut. — Pendant une surprise du camp, à la même époque, les attaquants repoussés, opérèrent leur retraite par le pont de Blendecques. — Lors des camps divers de St-Omer, sous l'empire et sous la restauration, ou durant l'occupation momentanée de l'armée anglaise, Blendecques a été le séjour favori d'un grand nombre d'officiers supérieurs.

Le 3 août 1628, la terre de Blendecques demeura la propriété de Robert de Lens pour 8,700 florins à l'effet d'être tenue en fief du château de St-Omer. — Cette terre de Blendecques qui dépendait du bailliage de St-Omer fut érigée en comté, en 1664, pour la maison de Lens. — C'était le siège d'une sénéchaussée. — Plusieurs seigneurs de Blendecques remplirent avec distinction la charge de magistrat de St-Omer. — Baudouin de Blendecques figure sur la liste des principaux prisonniers faits à la bataille de Bouvines.

— L'écrivain Charles de Blendecq, religieux de l'abbaye de Marchiennes, et cité par Sanderus et Foppens, était peut-être un membre de la maison de Blendecques. — Les poésies un peu vaporeuses, mais suaves et empreintes de sentiments tendres et délicats, de M. Ch. Barrois, promettent un poète distingué de plus à notre contrée. — Maintenant dans nos campagnes, comme on l'a judicieusement observé, le désir de se produire butine dans les villages autant que dans les grandes villes.

La commune de Blendecques eut souvent des contestations avec le magistrat de St-Omer à cause de ses mou-

lins. — On en compta jusqu'à 18. — Il s'en trouvait
plusieurs en 1242 sur lesquels il y avait des rentes affec-
tées en faveur de Robert I.er, comte d'Artois, et qui ap-
partenaient à Guillaume, châtelain de St-Omer. —
En 1418, l'abbaye de St-Bertin en possédait deux, au lieu
dit *Blandbourt*, ou *Blenbeure*, ou *Winstrefels*. Elle en avait
quatre autres dans la même commune depuis l'an 1263.

M. Pley, célèbre fabricant de draps à St-Omer, entre-
tenait à Blendecques des moulins à eau, construits depuis 1814 dans un site à l'aspect merveilleux; ces moulins servaient à ouvrir, carder et filer la laine, fouler,
lainer, tondre les draps, raper et moudre les bois de
teinture. Mais l'âme qui faisait agir tant de bras a dis-
paru, et cet utile établissement n'est plus pour ainsi
dire qu'une belle solitude. — Simon Ogier, dans une de
ses silves, toute parfumée d'émotions champêtres, a
chanté avec enthousiasme les charmes divins de Blendecques..... La nature, il est vrai, a privilégié ce lieu,
the beautiful and picturesque village, comme parlent nos
anglais qui y séjournent au nombre de dix à douze familles; c'est qu'effectivement, vous ne trouverez guère
ailleurs de plus riantes promenades, au fond d'une in-
comparable vallée, auprès du cours d'une bienfaisante
rivière, devant les riches habitations Pley, Herbout et
Fiolet. Blendecques est réellement l'endroit convenable
aux ermites qui ont besoin de se livrer secrètement aux
douces méditations.

L'industrie a également établi à Blendecques sa favorable influence; non loin des *Villa* élégantes et envi-
ronnées de bois impénétrables aux rayons du soleil, ce
sont des moulins à huile, à farines, à laine, ce sont des
manufactures de papier et de fil; c'est « un père de fa-
» mille industrieux qui cultive le lin, le façonne et le file
» par une mécanique construite par lui et mise en mou-
» vement par ses enfants. » C'est même l'ingénieuse
machine d'un piège aux voleurs de fruits, qui peut être
d'une grande ressource aux campagnards.

Au commencement du 18e siècle, on répara l'ancien
chemin de St-Omer à Blendecques, et le chemin nouveau fut mis en état afin d'y pouvoir passer à pied et à
cheval. — Ce village étant, comme on l'a vû, le plus
industriel de notre arrondissement, l'entretien de sa
principale route est indispensable, et des mesures effi-
caces pour empêcher la chute des arbres qui la bordent

encore, ne doivent jamais être oubliées. Une veine considérable de cailloux trouvée à la descente de cette route a contribué à l'améliorer. — Trois ponts furent restaurés en 1611; détruits en 1647, ils étaient rétablis en 1659; en 1715, ils étaient raccommodés de nouveau. Comme la banlieue s'étendait jusqu'au milieu de la rivière, on jeta en 1706, le pont de séparation. Les ponts sont multipliés à Blendecques, mais toute planche dégradée doit disparaître, car on ne saurait trop prévenir les accidents. — Il manque encore à Blendecques une compagnie de pompiers et des pompes à incendie.

La marne, extraite du côté de Blendecques, est compacte et ductile à cause de son excès d'argile; mais elle se délite plus aisément à l'air et devient propre à être répandue sur des terres froides. Elle présente à l'analyse, sur trois parties d'argile deux parties de terre calcaire et une de sable. — Le 7 juillet 1719, cinq ouvriers furent étouffés sous les ruines d'une voûte dans les carrières de Blendecques. Le 12 août 1840, quatre ouvriers et une jeune fille y trouvèrent également la mort par la chute inopinée d'une masse de sable et de cailloux. Les Anglais à la résidence de St-Omer se sont signalés par leur empressement à secourir les familles de ces infortunés. — Le curé du lieu a tenu en cette circonstance une conduite fort honorable. L'envoi sur les lieux d'agents expérimentés, à cause des malheurs qui se sont succédés dans les carrières de nos environs, est réclamé généralement comme une mesure de surveillance indispensable.

Lorsque les spoliations sacrilèges eurent été consommées par les régénérateurs de la France, une fabrique de monnaie révolutionnaire fut établie à St-Omer; elle fut naturellement alimentée, non-seulement par les cloches des églises, et des couvents de la cité, mais encore par les cloches des églises voisines, même par celles de la ville d'Aire. Ce fut dans un moulin au fer-blanc, fonctionnant à Blendecques, que s'exécutaient en 1793 les premiers travaux de ce nouveau genre de fabrication.

Voici un autre exemple des coutumes d'une époque différente. En 1609, une fille publique ayant commis un assassinat sur sa compagne, entre Blendecques et Henringhem, fut condamnée à être pendue; « deux ou trois heures après, ledit corps fut dépendu, rapporte Hendricq, et mené sur un chariot en le chemin, au-dessus de Blendecques, au lieu où elle avait commis le fait, icel mis sur une roue haute élevée que l'on pouvait apercevoir de bien loin..... »

En 1641, la ville ayant été menacée d'un nouveau siège, l'église de Blendecques fut abattue, mais on en réserva les matériaux. — L'édifice actuel fut construit sans doute à la fin du même siècle : l'antiquaire aurait pu y découvrir quelques vestiges d'un âge antérieur, mais un badigeonnage impitoyable n'a pas permis long-tems une semblable illusion. — Sous des couches épais-ses de badigeon, ou à travers les mille transformations qu'un goût barbare leur fait subir, l'œil scrutateur de l'archéologue et de l'artiste peut encore parfois dé-couvrir quelques monuments intéressants et complé-tement ignorés, cachés dans des églises de village. L'intérieur du monument, à deux nefs irrégulières, offre un coup d'œil étrange. On y aperçoit encore, à l'endroit du chœur qui est entièrement à réparer, des ogives, des colonnettes, quelques arcades élégantes, sou-venirs précieux d'un temps plus prospère, à côté de constructions modernes et grossières ; ce ne sont que coins et recoins, vieilles niches abritant des saints déla-brés, meubles vermoulus, tableaux nombreux mais grotesques pour la plupart, entre lesquels il est juste d'ex-cepter quatre jolies scènes du *Pasteur Charitable*. Il y a toute possibilité de construire une troisième nef à gauche. Dans la sacristie on peut rencontrer encore quelques dalles seigneuriales d'un âge assez reculé. « Cette église » présente un grand intérêt par l'âge de son architecture » qui remonte à la fin du 12e siècle, époque de transition » entre le style roman pur et le style ogival. Peu appré-» ciée jusqu'ici sous le rapport architectonique, elle of-» fre cependant des caractères non encore signalés par » les archéologues qui s'occupent spécialement de l'ar-» chitecture du moyen-âge. » (Rapport de M. le secré-taire de la société des antiquaires de la Morinie.) — Il se trouve aussi à Blendecques une petite chapelle dé-diée à *Notre-Dame-de Bon Secours.* — Les cendres de plusieurs notables audomarois reposent dans le territoire de Blendecques. On peut citer, hors de l'enceinte consa-crée, le tombeau du président Boubert, et dans le cime-tière, le mausolée Pley, les insignes tumulaires de la famille Delattre, ancien député, de Deldicque, juge..... des vers dignes et pieux se lisent au bas de la pierre fu_ néraire de François Houzet, et on s'attendrit devant la stance bien sentimentale qu'un père éloquent a composée à la mémoire de son fils âgé de 4 ans. — Il est juste de mentionner aussi l'inscription anglaise concernant l'honorable famille Brooke. — En février 1839, on découvrit à l'entrée de ce village, à un peu plus de 3 mètres de profondeur une *dent d'éléphant*, presque à l'état fossile, et parfaitement conservée.

La superficie de la commune de Blendecques est de 891 hectares. — En 1807, elle renfermait 191 maisons, et 1110 habitants; aujourd'hui sa population est de 1600 âmes, et le nombre de ses maisons de 300. Il s'y trouve 30 électeurs municipaux. Sa kermesse, si animée jadis, arrive le dimanche qui suit immédiatement la Fête-Dieu. — Le maire de Blendecques est M. Lombart; le desservant actuel est M. Slingue; son prédécesseur, M. Dutac, prédicateur consommé, est l'auteur de cet ouvrage recommandable : *Pie VI, et Pie VII considérés dans leurs rapports avec la Révolution Française.*

Les hameaux de Blendecques sont Hocquet, Westove, Wins.

CAMPAGNE.

Ce village est situé à la source de la Rivièrette, dans une plaine fertile, boisée et agréable, tout auprès du canal de jonction de la Lys à l'Aa, à une distance de 6 kilomètres de St-Omer.

Il en est question, dès l'an 812, dans le grand cartulaire de St-Bertin, à l'occasion d'une donation de biens. — Le 3 septembre 1597, les Français pillèrent l'église de cette commune. — Cet édifice fut encore dévasté par des maraudeurs allemands de la garnison de St-Omer, à la fin de mai 1598.

Sur les petites communes, les renseignements sont difficiles à obtenir : Quelques désastres à enregistrer, telle est alors la tâche ordinaire de l'historien.

La superficie de ce village est de 461 hectares. Sa population est de 430 âmes et le chiffre de ses maisons peut monter à une centaine. Sa kermesse a lieu le 4ᵉ dimanche d'août. Le maire de Campagne est M. Réant, le desservant, M. Châtillon. — Les hameaux sont : Baudringhem, le Champ d'en bas.

HELLEFAUT.

Hellefaut est situé sur une des plus hautes éminences du département du Pas-de-Calais. Ce village, d'après la carte de Malbrancq remonte au temps de Jules César. Ce conquérant traversa les Bruyères et la colline d'Hellefaut en se rendant de Thérouanne au port Itius. On y a découvert quelques antiquités qui viennent à l'appui de cette assertion. On a exécuté en 1837 des fouilles dans un endroit appelé la *Butte des Romains*, et l'on y a trouvé alors des restes de constructions en maçonnerie, des ferrures et des ossemens.

Hellefaut est à une distance de 9 kilomètres de St-Omer. Son nom primitif est, dit-on, Hellechfalt; toutefois les gens du pays soutiennent que Hellefaut s'appelait jadis Mer-Fault, et des étymologistes arrivent au même résultat, en donnant à la syllabe *Helle* la signification qu'elle a dans le mot saxon *Hell* qui s'applique aux eaux profondes, comme dans Helle-Becks. Lors du passage du général Romain, les vagues de la mer s'avançaient encore jusqu'au pied du plateau qui ressemblait alors à un môle.

Le premier acte du christianisme dans la Morinie s'opéra à Hellefaut par le zèle de St-Fuscien; il y fit construire, l'an 275, sous l'invocation de la Ste-Vierge, une église qui passe pour être la première que la main des fidèles érigea autrefois dans cette partie de la gaule Belgique. Ce temple ne tarda pas à être trop étroit pour le nombre prodigieux de prosélytes qu'attiraient les merveilleuses

7

prédications de l'éloquent apôtre du Christ; alors, pour
satisfaire aux dispositions pieuses des nouveaux con-
vertis, Fuscien célébra l'office divin dans un champ
longtems nommé *champ saint*, et vulgairement dit *Hell-
chuel* ou *Hetlick-vel oft Lant.*

Malbrancq eut un jour la curiosité de visiter ce champ;
le mayeur même d'Hellefaut lui montra un arpent situé
à un quart de lieue environ sur le chemin de Thérouanne, et lui déclara que cette partie de terre, par
respect pour la mémoire de son propriétaire primitif,
n'avait jamais été remuée par la charrue.

Quatre siècles plus tard, St-Omer, évêque de Thérouanne, s'empressa de rétablir l'église d'Hellefaut,
que ses habitans retombés dans l'idôlatrie, s'étaient
trop hâtés de détruire. Quel spectacle touchant que celui de St-Omer, prosterné dans la chapelle de St-Fuscien, encore battue par les flots de l'Océan, et invo-
quant, au nom de ce premier apôtre et martyr, les
bénédictions du très-haut pour les chrétiens de la
Morinie!

La première église d'Hellefaut a-t-elle été construite
sur le sommet ou sur la pente de la montagne? Elle
avait le surnom de *Petite Chapelle.* Hennebert a cru que
l'église actuelle, toujours dédiée à la mère du sauveur
des hommes, avait été assise sur les fondemens de l'ancienne, mais cette opinion est contestée. On pense que
l'oratoire de Fuscien a été bâti au bas de l'éminence.
Quant à l'édifice existant, il est posé sur le point le plus
saillant de la colline, et le gouvernement impérial en a
réservé jadis le clocher pour servir de point de recon-
naissance aux géographes «Les monuments contribuent
beaucoup à la célébrité d'un lieu.» — L'église d'Hellefaut est la plus ancienne et la plus remarquable de nos
cantons. Elle est bâtie en forme de forteresse, et son
architecture atteste deux époques. Son chœur est vieux,
mais la partie haute de l'édifice est marquée du chiffre
de 1515 — On dit encore que pour accélérer cette
construction, des pierres amoncelées dans un champ
voisin se transportèrent d'elles-mêmes dans une nuit au
pied du monument. — Il faut gravir une cinquantaine
de marches pour atteindre au clocher; de là, le spectacle est admirable: avec une longue vue, l'œil plonge à
15 lieues de loin. — Le maître-autel est digne de fixer
l'attention: un beau tableau de *l'Assomption* apposé lors

du rétablissement du culte en est le principal ornement.
Il est surmonté d'un petit buste de la vierge, et à droite
et à gauche resplendissent les belles statues de St-Fuscien et de St-Victoric données jadis par les chanoines de
St-Omer. — Les boiseries sculptées et la chaire enlevées
pendant la révolution ne furent jamais restituées. —
Plusieurs dalles tumulaires sont consacrées à la mémoire des pasteurs précédents. — Un vase baptismal en
marbre vaut la peine d'être regardé. — La découpure
des fenêtres de la tour doit aussi fixer l'attention. —
Quelques croix délabrées sont aperçues dans le cimetière;
mais qui ne prierait auprès du calvaire du bon curé
Tirtaine, qui certifie 26 ans de ministère dans cette
paroisse ?

Hennebert croit encore que Fuscien choisit son do-
micile dans une maison avoisinant le cimetière du côté
de Thérouanne, assez éloignée du bord de la colline,
maintenant convertie en ferme. L'ancien cimetière,
dit-il, était à l'autre côté du chemin, vis à vis l'église,
car en y fouissant en 1632, on a découvert un cercueil
de plomb; et des os réduits en poussière en ont prouvé
l'antiquité.

Le nom d'Hellefaut se trouve plusieurs fois reproduit
avec éclat dans les fastes historiques de la ville de St-
Omer. Pendant les dernières invasions des Normands dans
le territoire de Sithieu, les Audomarois aperçurent tout-
à-coup le quatorzième jour après Pâques de l'an 891,
une troupe de ces bandits qui se glissaient avec précau-
tion de la montagne d'Hellefaut. Les plus déterminés
d'entre les bourgeois se précipitèrent aussitôt à leur
rencontre, sous la conduite d'Odgrin, gouverneur de la
place. Les Normands se proposaient de mettre en sûreté
leur butin dans un petit bois, à l'est de la montagne,
mais cette voie de retraite leur étant coupée, Odgrin,
assisté des paysans d'Hellefaut, tomba sur eux avec im-
pétuosité, et les défit complètement. Le 2 mai suivant,
d'autres Normands impatients de venger la mort de leurs
camarades, franchirent aussi le mont d'Hellefaut pour
se porter encore sur Sithieu : ils éprouvèrent un destin
non moins funeste.

Lors de l'expédition du duc de Lancastre, en 1369,
les Anglais se logèrent sur le mont d'Hellefaut. Ils y re-
tournèrent en 1373, et y campèrent souvent pendant
les chevauchées du XIVe siècle.

En 1524, le duc de Vendôme ayant délogé des coteaux d'Upan, un parti de l'armée Flamande qui était alors occupée de l'investissement de Thérouanne, l'atteignit bientôt sur les hauteurs d'Hellefaut où il le mit en pleine déroute.

Le 31 décembre 1597, les Français attachèrent vainement pendant la nuit leur pétard destructeur à l'église d'Hellefaut; les paysans les repoussèrent après cinq assauts obstinés.

Le 25 mai 1638, le maréchal de Châtillon, après avoir endommagé le village naissant de Thérouanne, vint asseoir sa tente sur le mont d'Hellefaut.

Il y avait dans cette commune, un château au 17ᵉ siècle, puisque l'histoire nous apprend que le 28 septembre 1644, les Français s'emparèrent du *château d'Hellefaut* qu'ils gardèrent un jour. Ce château était compris dans la banlieue.

A l'époque de la prise de St-Omer par les Français, en 1677, les vainqueurs brûlèrent le village d'Hellefaut; ses malheureux habitans ne trouvèrent alors d'asile, durant trois ou quatre années, qu'en appuyant contre les murs de l'église des solives qu'ils avaient été mendier dans les communes voisines. Sa population était donc bien réduite, et l'état de la ville conquise bien déplorable ?

Ce village est célèbre par les camps qui y ont été établis à diverses époques : Jules César et des Empereurs Romains, quelques rois francs, plusieurs notabilités guerrières du moyen-âge, les nobles et derniers rejetons des Condé, Napoléon, qui avait abattu la légitimité, et impatient de montrer l'empereur des champs de bataille, mais dégoûtant de meurtre récent du duc d'Enghien et se croyant vainement trop élevé au-dessus de l'humanité pour que la tâche du crime pût l'atteindre, l'heureux vainqueur de Waterloo, l'imprudent et infortuné successeur de Louis XVIII, les jeunes ducs d'Orléans et de Nemours, généreux soutiens de la dynastie nouvelle, ont laissé d'ineffaçables souvenirs sur le plateau d'Hellefaut.

Pendant la durée des derniers camps, quelques incendies éclatèrent, soit dans les baraques qui sont au nombre de 400, soit dans les constructions environnantes; ils furent promptement éteints par le zèle vigilant et dévoué des militaires. — On parle de construire 400 nouvelles baraques.

Dans la nuit du 24 mars 1836, un violent incendie consuma presque entièrement la ferme de la veuve Obert, située à quelques pas seulement de l'église : l'apathie des campagnards était extrême, la troupe, accourue au pas gymnastique, préserva, de concert avec les pompiers de St-Martin-au-Laërt, les maisons voisines d'un grand sinistre.

Hellefaut était renommé pour la salub é de ses eaux; Simon Ogier, partant de St Omer pour Bruges, disait dans le 16ᵉ siècle :

> « A tuis œdibus statim peto montes,
>   unde fundit claros helifala fontes. »

Le point de vue du plateau d'Hellefaut, baigné par la rivière de l'Aa, et d'où l'on découvrait jadis les hautes tours de la capitale de la Morinie, rivales de celles de Cassel, est assurément l'un des plus remarquables de la contrée. Les lignes des baraques si régulièrement tracées jusqu'au moulin qui leur sert pour ainsi dire de sentinelle avancée, naguère si animées, si resplendissantes des attributs guerriers, ne sont plus traversées maintenant que par quelques gardiens solitaires ; la belle pelouse, d'où s'élevait avec majesté l'autel sculpté en pierres blanches par les soldats, et qui offrait à la fois un spectacle imposant et religieux, est aujourd'hui dans une immobilité complète : plus de tambours, plus de clairons .... Les échos de la montagne sont totalement muets, après avoir retenti dans un intervalle de dix-neuf siècles, de l'air de Jules partant pour les gaules, des chants de Roland et de Marlborough, des hymnes des rois de France, des fanfares d'Albion, et des cantates variées du génie des combats, dirigé par tant d'illustres capitaines ! Quand reverrons-nous le camp de St-Omer ? — Un extrait de camp d'instruction aura signalé l'an 1840 ! — Cependant on annonce un effectif de 8 à 10,000 hommes, la construction de 250 nouvelles baraques, et l'arrivée du duc d'Orléans pour présider à l'organisation de neuf bataillons de chasseurs, dits de Vincennes.

Les camps de St-Omer remontent à la plus haute antiquité..... Les plus renommés sont ceux de 1788, 1804, 1827 et 1833. — Lors de l'affreuse tempête du 28 avril 1718, les habitans d'Hellefaut virent tout le canton environné d'un grand cercle lumineux en l'air et qui descendait du ciel comme un trait de lumière ou de feu qui dura un temps considérable, apparemment pendant tout l'orage.

La superficie de la commune d'Hellefant est de 516 hectares. Sa population actuelle est d'environ 700 âmes. Le chiffre de ses maisons est de 130, en y comprenant celles des cantiniers. Sa kermesse est fixée au quatrième dimanche du mois d'août. — Le village de Bilques est réuni à celui d'Hellefaut depuis l'ordonnance royale du 22 septembre 1819. — Bilques, autrefois *Billiaco*, se trouve dans une vallée très-boisée, et figure aussi sur l'ancienne carte de Malbrancq. Sa superficie était de 298 hectares. — Une petite église assez récemment restaurée existe encore dans ce lieu : et à l'entrée du chemin d'Hellefaut à Bilques, à gauche de l'église, est la chapelle de Notre-Dame des affligés qui date de 1780. — Le *Grand-Bois* est un hameau d'Hellefaut. — Le maire d'Hellefaut est M. Obert, le desservant M. Legrand.

LONGUENESSE.

Le tout petit village de Longuenesse, le plus salubre peut-être de ceux de nos environs, n'est qu'à deux kilomètres sud-ouest de St-Omer. Son existence, d'après la carte de Malbrancq, paraît remonter au temps de Jules César. Une voie romaine passait sur son territoire. *Lorantonas* était l'ancien nom de ce village. On le trouve ensuite écrit de cette manière dans les chartes de St-Bertin : *Loon, Longuenessa.* Un antiquaire a cru que son étymologie provenait des mots *Long nez*, parceque la mer venant battre autrefois la colline des bruyères, formait à cet endroit un véritable promontoire. Longuenesse est situé effectivement au bas de cet escarpement renommé, dans une vallée charmante et paisible, et en divers siècles, son séjour a été recherché par les riches de la terre, et par les humbles serviteurs du vrai Dieu.

— Ainsi, les notions les plus reculées de ce lieu ont cela de ressemblant avec les traditions de la plupart des autres communes de notre arrondissement, que dans le principe elles ont rapport aux romains, dans une antiquité vague et incertaine, et qu'ensuite elles ne prennent de la réalité que lorsque les apôtres du christianisme apportent dans notre contrée inculte le flambeau des arts et de la civilisation. Les souvenirs de guerre d'abord, puis ceux du calme évangélique. « L'association première de plusieurs familles, c'est le village..... L'association de plusieurs villages forme un état complet. » Ne recherchez pas trop scrupuleusement ni l'origine, ni l'explication du mot nouveau *Morinie*, car vous ne pourrez arriver à d'autre résultat que la dénomination démontrée d'un certain nombre de petits peuples qui vivaient jadis dans une sorte d'association sur nos côtes maritimes.

Longuenesse est compris dans la donation de la terre de Sithieu faite en 648 par le pirate Adroald à St-Bertin.

En 799, Odland, abbé de St-Bertin, fit l'acquisition de l'église avec une portion de terrain, et cette paroisse, dédiée à St-Quentin, se trouva toujours placée depuis lors sous le patronage de ce monastère. Lorsque l'abbé Gérard opéra la réforme des moines en 944, il plaça dans le prieuré de Longuenesse une partie des plus récalcitrants, dans l'espoir de les ramener à de meilleurs sentiments.

Le 9 octobre 1299, Jean III, seigneur de Ste-Aldegonde, fonda dans la vallée de Longuenesse un couvent de chartreux. Cette maison n'est pas sans quelque célébrité dans notre pays. Lors de la vaine tentative des Français sur la ville de St-Omer en 1594, la cavalerie du duc de Longueville était cachée en embuscade dans le bois épais qui environnait jadis le couvent des chartreux. — Un habitant de Longuenesse se saisit alors d'un des assaillants, et l'amena prisonnier en ville ; chemin faisant, ayant vu que le pourpoint de son captif était meilleur que le sien, il s'en revêtit sans scrupule ; mal lui en arriva, car à son entrée chez les Audomarois, il fut pris pour un français et reçu à coups d'épées et de hallebardes ; et quand il parvint à se présenter devant le magistrat, il était tout défiguré de contusions et meurtrissures, et n'avait aucune envie de s'écrier : « ah, mon habit, que je te remercie ! — Le clocher de la communauté des chartreux, et celui de la vieille église de Longuenesse se font remarquer sur le relief mémoratif de cette tentative, lequel est exposé à notre bibliothèque publique.

Longuenesse a été brûlé par le duc de Glocester en août 1436. — Longuenesse et les Chartreux furent dévastés par les soldats de Louis XI en 1477. — Ils furent encore pillés par ceux de Henri IV en 1596. En cette circonstance, l'église fut dépouillée de ses principaux ornements. — Le 12 septembre 1597, la plus grande partie de la bibliothèque des chartreux fut malheureusement détruite par un parti de maraudeurs français. « Ils y furent plus de quatre heures et brulèrent beaucoup de grands livres..... » Il ne nous reste que trente-deux manuscrits de cette chartreuse. Ce couvent fut presqu'entièrement ruiné par l'affreuse tempête du 28 avril 1718 qui lui occasionna une perte de vingt mille livres. Il ne jouissait guère que de cinq mille livres de revenus à l'époque de la révolution, il fut alors démoli et vendu. Bruno d'Haffringues de St-Omer, a été prieur-général de l'ordre des chartreux, « hommes menant une vie plus angélique qu'humaine accomplissant toute l'étendue des préceptes de l'évangile. »

Les armoiries de St-Bertin brillaient encore sur le tabernacle du grand autel de l'église de Longuenesse en 1512, lorsque le sire de Nortquelmes y substitua les siennes. Cet enlèvement arbitraire devint la cause d'un procès qui eut beaucoup de retentissement et dont le gain resta à l'abbaye. — Vanité des vanités de l'époque.

Pendant le siège de 1638, les Français établirent un fort près de la Chartreuse de Longuenesse. Le 5 juin, un audomarois, nommé Wallart, mit le feu à la malassise, ancien fief du bois de Loo, et les Français, pour se venger, brulèrent le moulin de cette belle ferme qu'un incendie déplorable a anéantie de nouveau au commencement d'août 1836, et dont l'emplacement se trouve indiqué sur le plan de ce siège de St-Omer.

Le 22 du même mois de juin, les assiégeants livrèrent aux flammes le village entier de Longuenesse. C'est alors qu'ils coupèrent une fontaine qui allait de cet endroit dans la cité, pensant nuire beaucoup aux Audomarois.

C'est effectivement sur ce territoire que se trouvent les sources qui alimentent les fontaines de St-Omer, au moyen de conduits en plomb, et qui ont occasionné à diverses reprises des dépenses considérables. Les eaux de Longuenesse sont à juste titre renommées pour leur salubrité et leur abondance, et méritent d'être constatées dans une hygiène géographique. — On lit dans nos archives que la ville a la propriété exclusive de l'eau de la fontaine de St-Quentin, près de la ci-devant Chartreuse, par titre du 11 février 1705. Cette eau n'a été détournée momentanément dans la chartreuse qu'avec l'autorisation du magistrat. — En 1839, notre conseil municipal vota un crédit de mille francs pour faire face aux frais nécessités par les recherches de nouvelles sources d'eaux potables à Longuenesse. — Quand donc enfin, en toute sécurité notre ville aura-t-elle de l'eau ? (1)

L'église de Longuenesse, quoique fort petite, est une des plus délabrées de nos cantons; boiseries et voûtes pourries, mauvais tableaux à l'exception du Christ du sanctuaire. Les œuvres ridicules de quelques sabotiers ne se trouvent que trop souvent dans les églises de campagne; dans l'intérêt véritable de la religion, on devrait s'empresser de les faire disparaître, car ce n'est pas là le génie du christianisme. Maintenant chaque curé décemment doit apprendre l'histoire de son église, et il ne peut résulter que de notables améliorations de cette étude convenable. — Antoine Hubert Hiecq, l'un des curés de Longuenesse, a été principal du collège de St Omer en 1769 — L'abbé Cadart, ancien sacristain de Notre-Dame, y a exercé le saint ministère pendant plusieurs années, et a laissé dans cette paroisse les souvenirs les plus honorables.

« Le cimetière étroit près de la pauvre église, » a un attrait indéfinissable de mélancolie que procure sans doute la beauté du site, et c'est le champ des morts le plus agréablement romantique de nos cantons. Là, pas de stances rimées, il est vrai, mais de ces simples et touchantes épitaphes, *si vous l'avez connue vous avez dû l'aimer, vous qui m'aimiez ne m'oubliez pas, Anna filia carissima*, qui valent beaucoup mieux que la poésie la plus pompeuse. Vous n'y rencontrerez pas de somptueux

_____

(1) Voir sur cette matière le savant *Mémoire* de M. de Récicourt.

monuments, mais des ornements champêtres, une colonne brisée, et une incrustation de bon goût non loin du chœur du temple. Là, est le mausolée du savant et intègre président Duval, et à peu de distance vous relirez les noms si connus de Legrand-Leys, riche bibliophile, et chef d'une des premières familles du pays, Vautroyen père, le modèle des notaires, Houssier, libraire instruit.

On voit aussi à Longuenesse une petite chapelle dédiée à la Vierge, probablement contemporaine de la Chartreuse, et l'objet constant de la dévotion populaire. — « Qui ne connaît Notre-Dame-des-Bois, cette habitante du creux de la Vieille-Epine ou du trou moussu de la fontaine ? » — Naguère, on tenta de proscrire toutes les madones..... Où sont maintenant les statues par lesquelles on prétendait les faire oublier ? Où sont donc les bustes du martyr Brutus-Marat qui d'après l'ordre de la municipalité de Paris devaient être placés sur toutes les façades des églises et des maisons ?

L'échevinage de longuenesse était du ressort du bailliage de St-Omer. Cette commune a une superficie de 828 hectares. Elle renfermait en 1807, 76 maisons et 382 habitans ; aujourd'hui sa population est de 639 âmes, et l'on y compte 100 à 110 habitations, parmi lesquelles il faut placer au premier rang les belles résidences de MM. Platiau, Denis, de Folard-de-Bayenghem et Paul Duval. — Le maire de Longuenesse est M. Duval, le desservant, M. Beaurain. — La kermesse anciennement fixée au premier dimanche de mai, a été remise au premier dimanche de juillet, et certes, il est difficile alors aux Audomarois de choisir une promenade plus jolie et plus animée, car dans nos campagnes, si l'on conserve encore avec amour le culte des croyances traditionnelles, le peuple aussi se rend tout entier à sa ducasse. — En mars dernier, une loterie ingénieuse de bienfaisance a été organisée à Longuenesse par la famille de M. Denis ; c'est donner à la classe aisée de la société une initiative digne et salutaire.

Les Bruyères font partie de la commune de Longuenesse. Le mesurage de juillet 1779 en porta l'étendue à 441 mesures 62 verges, et celui de juin 1821 seulement à 435 mesures 53 verges. C'est à bon droit qu'on peut appeler ces bruyères *historiques* : que de fameux généraux ont posé sur ce terrain si favorable aux grandes

manœuvres ! — Que sont-ils devenus ? Comment ont-ils
fini ? — Une ordonnance royale du 8 avril 1839 a prescrit l'aliénation des bruyères pour cause d'utilité publique. — Le camp de Chabo fut établi sur les bruyères en
août 1779.

Dans les siècles précédents, on portait une dévotion
extrême à une image de la Vierge placée par les écoliers
à *l'arbre d'Edequines*, sur les bruyères, ce qui y attirait
beaucoup de monde de la ville et des environs. Le château de ce nom existait dès le 15ᵉ siècle au moins, puis-
qu'il fut aussi brûlé en 1436 par le duc de Glocester. Il
y avait un franc-marché qu'on appelait les *Franches-
Vérités d'Edequines*. A l'instar des grands baillis de France
et conformément au réglement de 1190 de Philippe-
Auguste, les grandes assises s'y tenaient de sept ans en
sept ans, et tous les vassaux et barons du bailliage de
St-Omer étaient alors obligés de s'y réunir. — « C'est
sur les ruines de cet ancien château, appartenant à
la famille Defiennes, que les esprits faibles croient
que le diable tenait ses assemblées nocturnes, nommés
sabats où se trouvaient les courtisannes de St-Omer et
pays alentour que l'on qualifiait de sorcières. » (Manuscrit de Deschamps de Pas.) — Il est question de l'ancienne
famille de Hodekine dès 1093 ; la seigneurie d'Edequines
appartenait en 1789 à celle de Pelet.

L'érection de la chapelle de Notre-Dame de Lorette
sur les bruyères est du 1ᵉʳ juillet 1652 ; elle fut restaurée
en 1687, et marquée des armes de la ville. Son clocher
s'écroula le 31 décembre 1705. Elle fut démolie en 1787,
et la confrérie de ce nom transférée à *Notre-Dame de
Grâce*. — On voit encore cette petite chapelle en relief
à la paroisse de St-Denis. — L'eau qui se trouvait près
de cette chapelle avait, dit-on, une vertu merveilleuse.
— Non loin de Notre Dame de Lorette se trouvait *la justice de la ville*.

Le nouveau cimetière est contigu à la partie des
bruyères qui conduit directement au plateau d'Hellefaut. Nous invitons un poête sensible et délicat à aller
y faire une visite pieuse et sentimentale.

Depuis plusieurs années, c'est dans la plaine des
bruyères qu'ont lieu les *courses* au trot et au galop, à
une distance de 2 kilomètres, et qui ont procuré déjà
tant d'avantages à l'industrie de cet arrondissement.

Quant au *forage des bruyères*, c'est ainsi que le volran de *Clairmarais*, un assez bon poisson d'avril.

Longuenesse a en outre dans ses dépendances, l'emplacement de l'ancien fort St-Michel dont il est plusieurs fois question dans notre histoire au 17ᵉ siècle, ainsi que les hameaux appelés *Les Chartreux*, *les Quatre-Patards*, *le Cœur-Joyeux*, *la Verte Ecuelle*, et *Ste Croix*. — La chapelle de Ste-Croix fut bâtie par les Dominicains en 1492, à peu de distance des fortifications de St-Omer. La croix du bas relief de la bibliothèque de St-Omer en a consacré probablement le souvenir. On peut croire que cette chapelle a été l'origine du village de Ste-Croix. Toutefois la porte de Ste-Croix à St-Omer existait en 1481. Pendant les entreprises des soldats de Henri IV sur l'Artois, vers la fin du 16ᵉ siècle, l'église de Ste-Croix fut mise au pillage. On abattit alors une partie des maisons de ce village; les autres habitations ainsi que l'église, déjà presque détruites pendant le siège de 1638, furent renversées en 1639. On n'y voit plus depuis longtems, qu'un petit hameau, mais sur le bas-relief susmentionné on distingue encore le clocher de Ste-Croix en avant de ceux de Longuenesse et des Chartreux.

TATINGHEM.

Tatinghem, autrefois *Tatinga*, est à 3 kilomètres ouest sud-ouest de St-Omer. Sur la grande route de cette ville à Boulogne. C'est un petit village assez bien boisé, dont la situation, dans une plaine élevée et fertile, est fort agréable et présente de beaux points d'optique.

L'existence de Tatinghem est aussi fort ancienne; une voie romaine traversait son territoire. Son nom est écrit dans la donation de la terre de Sithieu faite par Adroald. Tatinghem a été brûlé par le duc de Glocester, en août 1436; Louis XI ravagea encore cette commune en 1477. — Elle fut dévastée par les Français le 7 janvier 1596, ceux-ci employèrent alors le pétard pour faire sauter la porte de l'église. — A la levée du siège de St-Omer en 1638, les Français en se retirant incendièrent Tatinghem, et le fort qu'on y avait construit.

Par arrêt du conseil provincial du 16 janvier 1780, le chemin de Boulogne à St-Omer formé depuis 1770, après avoir traversé Tatinghem, devait aboutir à la ville par le Nard. — Le moulin à vent construit en bois et appartenant à M. Bruno Duplouy a été dévoré par les flammes dans la nuit du 14 janvier 1838. — Le 19 juin 1839, la ferme de Bieck fut incendiée; le dommage s'éleva à près de 6000 francs. Les pompiers de St-Martin-au-Laërt déployèrent en cette circonstance un zèle admirable.

L'église de Tatinghem est dans un état décent de conservation; l'abbaye de St-Bertin dont elle dépendait, en fit réparer le chœur en 1758. Elle est dédiée à St-Jacques; elle fut reconstruite à partir du chœur, en 1788, sous la direction de l'architecte Mago, et dévastée ensuite pendant la terreur. On remarque dans le cimetière les noms principaux du lieu, Cadart, Lardeur, Masset, la dalle funéraire du capitaine Lafouasse, et surtout la pierre tumulaire de M. Quendal, né à St-Omer en 1756, décédé à Tatinghem le 27 mai 1834. Il avait été pendant 28 ans desservant de cette commune. Son épitaphe éloquemment tracée par un ami reconnaissant, n'est toutefois qu'un juste et véridique hommage à la mémoire de ce prêtre évangélique. — A l'extérieur de la nef droite, on remarque sur un carré en relief le plan de l'ancienne église de Tatinghem.

La superficie de Tatinghem est de 544 hectares. Sa population actuelle est de 600 âmes. Le nombre de ses habitations est de 110, dont la plus remarquable est celle du spirituel et bienveillant M. Caron-Senlecq, ancien receveur des finances de la commune de St-Omer. — La kermesse est fixée au 4ᵐᵉ dimanche de septembre. — Le maire est M. Dupont, le desservant M. Turlutte, ancien préfet d'études du collège de St-Omer.

WISERNES.

Wisernes est situé sur la grande route de St-Omer à Hesdin, à 6 kilomètres sud de St-Omer, sur la rivière d'Aa. — Son nom primitif était *Wesarnio* ou *Weserinio*. — Son existence est fort ancienne, et paraît même suivant la carte de Malbrancq remonter au temps de la conquête du pays.

L'an 400, St-Victrice, archevêque de Rouen, après avoir résidé quelque temps dans une solitude en ce village, y fonda d'après plusieurs auteurs, un monastère au delà de l'Aa, nommé à cause de sa situation *ulteriense monasterium*, dans lequel St-Antimond, évêque de Thérouanne, fut inhumé en 519. Ce monastère ayant été détruit pendant l'une des invasions des Normands dans la contrée, fut remplacé ensuite par un prieuré dépendant de l'abbaye de St-Bertin, auquel on réunit quelques prairies achetées en 1197 à Nicolas de Clarques, chevalier de Wisernes, pour la somme de 110 marcs d'argent. — D'autres prétendent que *l'ulteriense monasterium* a été bâti par St-Victrice dans un faubourg de Thérouanne, dépendant aussi du territoire de Sithieu. — Ce prieuré de Wisernes avait été usurpé par Robert, prévost de St-Omer ; mais lorsqu'il fut récupéré par l'abbé de St-Bertin, celui-ci eut soin de faire ratifier l'acquisition des prairies de Nicolas de Clarques par l'évêque de Thérouanne, en présence d'Eustache d'Hallines, de Guillaume de Blendecques, de Guillaume d'Hellefaut et des échevins de la commune.

Il est pour la première fois question de Wisernes, dans le cartulaire de Folquin, vers le milieu du 9e siècle. — Il existait en 1312 un Jean de Wisernes, écuyer.

Quels sont les événements historiques qui se sont passés à Wisernes ? la narration n'en est pas facile à faire, et l'embarras sera le même sur ce point à l'égard de bien d'autres petites communes de notre arrondissement. Dailleurs « la renommée des événements n'est pas moins soumise à la fortune que celle des hommes. »

On voit dans les chartes de l'abbaye de St-Bertin qu'en 1415, les habitans de Wisernes avaient creusé au pied du mont d'Hellefaut une carrière pour y tirer des pierres à l'effet de se mettre à l'abri des insultes des anglais. Ceux-ci ravageaient les environs de St-Omer au commencement du 15e siècle. Vous êtes certain au reste de les rencontrer dans toutes nos campagnes pendant l'occupation de Calais. — Alors la guerre et la misère désolaient nos provinces. Il y avait un fort à Wisernes qui datait au moins du 17e siècle.

L'abbaye de St Bertin possédait depuis un temps reculé des moulins à Wisernes; elle exerçait dans cette commune les drois de haute, moyenne et basse justice; la composition de l'échevinage lui était réservée.

En 1280, l'église d'Hallines fut séparée de celle de Wisernes, et érigée en paroisse. — L'église de Wisernes doit être fort ancienne. Son chœur fut réédifié en 1575 et il n'y a pas un siècle qu'un écroulement subit exigea une forte réparation. On y aperçoit une *descente de croix*, copiée d'après le tableau de Rubens de Notre-Dame de St-Omer, par le plus habile peintre de cette ville. Cette église dont l'intérieur a besoin d'être réparé, est spacieuse, et convenablement entretenue relativement à ses ressources. Les paroissiens riches devraient seconder davantage le zèle vigilant de leur pasteur pour l'ornement de ce temple. Au reste, quelle est l'église de village qui n'a pas eu aussi ses vicissitudes? Antiques monuments de la foi de nos pères, ce sont des jalons placés çà et là comme d'infaillibles guides aux historiens, car le coq catholique n'a jamais égaré le voyageur pieux dans son pèlerinage archéologique ou poétique, et souvent l'humble oratoire de la campagne porte l'âme au recueillement avec plus de fruit que le temple fastueux des villes. La société des antiquaires de la Morinie a prescrit de sages et utiles mesures pour l'exploration raisonnée des monuments curieux de nos localités. — Dans le cimetière on distingue les épitaphes des curés: François Segniez, Ferdinand et Bernard Ducroq, ainsi que le mausolée Gervois.

Le 3 février 1348, un nommé Jean de Cilke reçut la commission du magistrat de St-Omer de mettre en état tous les ponts et chemins entre Arques et Hallines. Cette mesure favorable fut renouvellée à diverses époques, mais les habitans de Wisernes montrèrent peu d'empressement à en faciliter l'exécution. Au commencement du siècle dernier, ils intentèrent même un procès à la commune de St-Omer pour l'obliger à réparer la digue de l'Aa et le chemin des bruyères. Le chemin de Wisernes à Hesdin a été autorisé le 30 mai 1772. Il est bien urgent de réparer la traverse qui conduit de Wisernes à la côte d'Hellefaut. En juin dernier, on a découvert, dit-on, à Wisernes, un souterrain qui servait aux anciens Gaulois.

La vallée de Wisernes offre des sites très-pittoresques;

l'armée Française commandée par Turenne y a campé
en 1657. La papeterie y possède d'importantes fabriques, et les noms des Horne, Bellart et Griffon y seront
longtems honorés. — La fabrique de M. Griffon prétend
pouvoir rivaliser pour ses produits avec les meilleures fabriques de France, en ce qui touche les papiers à registres,
et avec les fabriques anglaises pour les papiers propres
au dessin, plan et lavis. — Des moulins à farine font
aussi diversion à la scène. Les environs de St-Omer sont
réellement agréables et propices pour l'établissement de
nombreuses usines.

La superficie de Wisernes est de 702 hectares. Sa population actuelle est de 980 à 1,000 habitans. Le nombre
de ses maisons est d'environ 200. Sa kermesse arrive le
troisième dimanche de septembre. Le maire est M. Obert,
le desservant, M. Ducrocq.

Gontardingues, le Gondardenne, hameau de Wisernes, autrefois passage habituel de St-Omer à Thérouanne, est mentionné au 14ᵉ siècle dans le *grand cartulaire de St-Bertin.*

FIN.